DESSINS ET MODÈLES

———

LES ARTS DU MÉTAL

Volumes déjà parus :

Album des Arts du bois : 164 gravures. — NOTICE par M. Alfred de Lostalot.

Album des Arts du feu : 223 gravures. — NOTICE par M. T. de Wyzewa.

En préparation :

Album des Arts du tissu.

Album de Peinture décorative.

Album de Sculpture décorative.

Sceaux. — Imprimerie Charaire et Fils.

DESSINS ET MODÈLES

LES ARTS DU MÉTAL

(Orfèvrerie — Bijouterie — Ferronnerie — Bronze.)

NOTICE PAR M. ÉMILE MOLINIER

Attaché à la conservation au Musée du Louvre.

Album comprenant 200 gravures

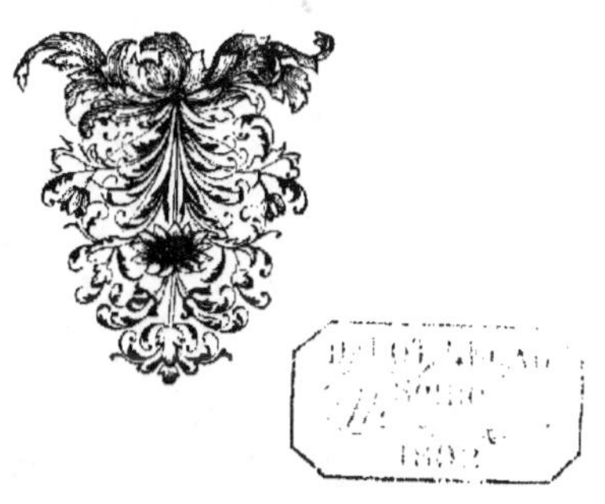

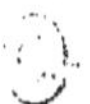

BIBLIOTHÈQUE DE LA GAZETTE DES BEAUX-ARTS

J. ROUAM, éditeur

8, RUE FAVART, 8

PARIS

(Bureaux de la *Gazette des Beaux-Arts*.)

NOTICE HISTORIQUE

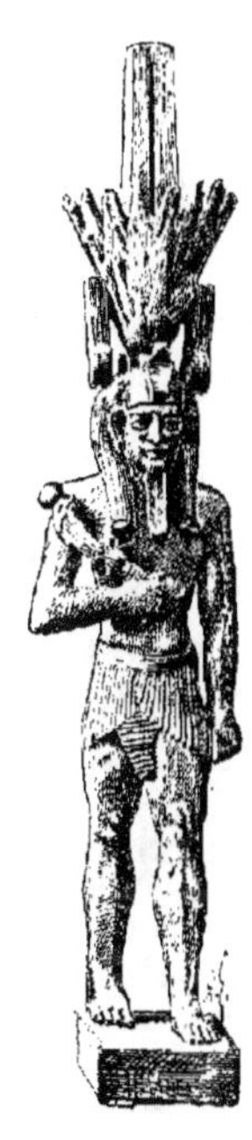

LE DIEU NEFERTOUM.

(Bronze du Musée de Boulaq.)

Il serait oiseux ici de remonter jusqu'aux temps préhistoriques pour parler de l'âge du bronze et de l'âge du fer ; il suffira d'indiquer qu'à ces époques reculées, les ouvriers qui mettaient en œuvre les métaux avaient rapidement acquis, malgré l'imperfection de leur outillage, une grande habileté technique : tranchants de haches ou lames d'épées que les fouilles pratiquées dans le courant de ce siècle-ci ont remis à la lumière, témoignent du savoir faire de ces antiques fondeurs et souvent même du goût déployé par eux dans la fabrication de ces objets.

Si, franchissant de longues périodes, nous nous arrêtons en face des bronzes exhumés du sol de la Chaldée ou de l'Assyrie, nous rencontrons des œuvres décoratives, dont quelques-unes attestent une science accomplie du dessin et du modelé, un sentiment exact du parti que le constructeur peut tirer de l'alliance de la pierre ou de la brique et du métal : tout le monde connait ces curieux revêtements de portes en bronze qui font maintenant partie des collections du Musée Britannique, et pas un visiteur qui n'ait remarqué au Louvre cette belle figure de lion accroupi dont la patine fait penser aux plus belles œuvres de fonte de la Renaissance. Ce n'était pas du reste seulement en Asie qu'en ces temps reculés les fondeurs faisaient des merveilles : les ouvriers égyptiens rivalisaient avec eux de grâce et de savoir, et maintes figurines, maintes figures de grandes dimensions sont là pour attester que l'Égypte des Pharaons n'eut rien à envier sous ce rapport au berceau des arts du métal.

Mais à côté de l'art du fondeur, dès la plus haute antiquité, nous en rencontrons un autre, celui de l'orfèvre et du bijoutier, dont les

produits sont contemporains des plus anciennes armes de métal que
nous possédions; car si l'homme a songé dès l'abord à sa propre conservation et a perfectionné les instruments qui devaient lui permettre
de se protéger contre ses semblables, il a pensé aussi de bonne heure à
embellir sa propre personne grâce à des colliers, à des bracelets, à
des bagues indiquant à la fois le rang et la richesse de leur posses-
seur. Le bronze d'abord, puis des métaux plus rares et partant plus
précieux n'ont pas tardé à être exclusivement employés à ce genre de
décoration. Si nos sentiments actuels s'accordent mal avec une sem-
blable ornementation, rendons cependant hommage au goût parfait,
à l'exécution délicate des nombreuses pièces d'orfèvrerie ou de joail-
lerie qui s'étalent dans les vitrines de nos musées; on connait trop
bien aujourd'hui les bijoux égyptiens aux ors pâles rehaussés d'émaux
ou de pâtes colorées, les bijoux grecs ou étrusques aux délicats ornements filigranés ou repoussés pour qu'il soit nécessaire de s'appe-
santir longuement sur les progrès d'un art dans lequel la forme est aussi
parfaite que l'exécution. Les bijoux de l'ancien empire égyptien; les
ornements, les vases et les masques funéraires en or, retrouvés par
Schliemann à Mycènes; les bijoux de toutes sortes et les diadèmes
que nous ont rendus les nécropoles d'Italie témoignent d'un luxe
raffiné et d'un sentiment artistique très profond.

Sans parler des innombrables statues de bronze que l'antiquité
nous a léguées et dont les plus belles sans doute se trouvent au Musée
de Naples, les Grecs et les Romains ont fabriqué en métal, soit en
bronze repoussé, gravé ou incrusté, soit en argent, une foule de
menus objets, meubles ou ustensiles pour lesquels le métal n'est plus
guère employé aujourd'hui : lits ou sièges, cistes ou patères, trépieds
ou candélabres, objets de toilette ou miroirs leur ont permis tour à
tour d'exercer leur verve et leur habileté.

A côté de ce mobilier de métal, nous trouvons une somptueuse
orfèvrerie d'argent, repoussée, ciselée et dorée dont le Trésor dit de
Hildesheim, du lieu où il fut trouvé, possédé aujourd'hui par le Musée
de Berlin, le Trésor de Bernay, conservé au Cabinet des médailles à
la Bibliothèque Nationale, le Trésor de Moncornet, acquis depuis peu
par le Musée britannique, ne peuvent nous donner, malgré toute leur
splendeur, qu'une faible idée. Ces pièces, dont un certain nombre ont
été depuis quelques années reproduites par la galvanoplastie, forment
et par leur galbe et par leur décoration la série la plus admirable de
modèles que l'on puisse imaginer.

Bien supérieurs à nous en ce qui concerne la fabrication de la
monnaie, les anciens, les Grecs surtout, ont transformé leurs espèces
métalliques en une véritable série d'objets d'art; c'était, à coup sûr,
une heureuse époque que celle où l'art occupait une si grande place
qu'une pièce de monnaie d'une minime valeur méritait par sa perfection les mêmes éloges qu'un beau tableau ou une belle sculpture.

Et si aujourd'hui les amateurs se les disputent à des prix énormes,
ce n'est pas tant à cause de leur rareté, ce qui ne serait vrai que d'un
petit nombre d'entre elles, que parce qu'en les acquérant on peut se
dire que l'on tient en main un chef-d'œuvre comparable à une statue
de Phidias ou de Praxitèle. Le parti que nous en tirons aujourd'hui
en les montant pour en orner des pièces d'orfèvrerie, en les sertissant
pour en faire des broches et des épingles, les anciens l'avaient déjà
imaginé et la patère de Rennes, cette belle coupe d'or que possède
notre Cabinet des médailles, est là pour attester que là encore nous
n'avons fait que copier nos maitres, les Grecs et les Romains.

Si les industries du métal eurent à souffrir de la chute de l'Empire romain et de l'intrusion violente des barbares dans la civilisa-
tion antique, il faut bien avouer que ce fut surtout l'art qui y perdit,
mais que ces industries continuèrent, en grande partie du moins, à
subsister. Les barbares, comme toutes les populations sauvages,
avaient un goût excessivement prononcé pour tout ce qui était bril-
lant et pouvait rehausser à leurs propres yeux leurs puissance et leur
opulence : armes à poignées d'or, baudriers richement ornés, bijoux
de toutes sortes surchargés de pierreries montrent le luxe que
déployaient les nouveaux conquérants. N'aurions-nous pas un très
grand nombre de monuments de ces époques, fort somptueux sinon
de bon goût, que beaucoup de textes et d'anecdoctes seraient là pour
nous faire connaitre jusqu'à quel point un potentat mérovingien
pouvait pousser la manie du luxe. A ce point de vue, ils n'avaient
rien à envier à leur prédécesseurs. Tout les monde connait les
innombrables trésors de ces époques que, dès longtemps déjà, —
depuis le xviie siècle au moins, — l'on a découvert : depuis les armes
trouvés dans le tombeau de Childéric, à Tournay, jusqu'aux vases et
aux ornements découverts à Gourdon ou à Pouan, jusqu'aux couronnes
d'or de Guarrazzar dont notre Musée de Cluny a eu le rare bonheur
de recueillir le plus grand nombre. Ce ne sont là que les pièces capi-
tales d'un art que l'on appelle bien mal à propos l'*art barbare* et où
nous trouverions de nombreux modèles dignes de l'étude de nos
artistes. La bijouterie somptueuse du haut moyen âge n'était en
quelque sorte que le prélude, les premiers essais d'une époque pendant laquelle les arts du métal et surtout l'orfèvrerie devaient jeter
un nouvel éclat.

S'il n'est pas sûr que saint Éloi ait fabriqué de ses propres mains
le fauteuil de Dagobert qui se trouvait autrefois à l'abbaye de Saint-
Denis et que le Cabinet des médailles a recueilli, fauteuil qui, du
reste, est une imitation évidente d'un siège antique, la rapide fortune
que fit le patron des orfèvres prouve assez l'estime dans laquelle
le métier qu'il exerçait était tenu. Évêque de Tournai et de Noyon,
ministre de Dagobert, il travailla longtemps de ses propres mains

et exécuta même pour le roi un siège d'or. Sa réputation a été telle qu'autrefois il n'était pas d'église se respectant tant soit peu qui ne tint à honneur de posséder quelque œuvre plus ou moins authentiquement créée par le saint orfèvre.

A mesure que l'on avance dans le moyen âge, les pièces d'orfèvrerie deviennent plus nombreuses et plus somptueuses : le mobilier des églises se renouvelle plusieurs fois jusqu'à la Renaissance comme les églises elles-mêmes ; aux décorations de l'époque mérovingienne succèdent les travaux exécutés sous les Carolingiens, encore nombreux aujourd'hui et bien dignes de notre admiration, puis viennent les pièces d'orfèvrerie romane, sorties peut-être en grande partie, comme à l'époque précédente, d'ateliers monastiques : enfin l'âge gothique voit s'épanouir une floraison d'orfèvres, de ciseleurs, de fondeurs qui tous empruntent aux grandes lignes et aux principes de l'architecture de leur époque les formes et la décoration des objets qu'ils exécutent. Mais, à ce moment, l'art a quitté les abbayes et ce sont des laïques qui enfantent tous ces chefs-d'œuvre ; en plein xiiᵉ siècle, dans l'une des plus grandes et des plus riches abbayes, à Saint-Denis. Suger n'est-il pas obligé de faire venir des artistes un peu de tous les coins de la France pour décorer à son goût l'église abbatiale ?

On ne peut donner une meilleure preuve de l'abandon presque total de l'étude des arts dans ces abbayes. Du reste, l'art n'y avait point perdu puisque, en réalité, les centres de fabrication se multipliaient. Limoges au xiiᵉ et au xiiiᵉ siècle, avec ses châsses, ses reliquaires, ses tombeaux qu'on lui commande et qu'elle expédie dans toute l'Europe, aussi bien en Angleterre qu'en Espagne, en Allemagne qu'en Italie ; Paris, au xivᵉ et au xvᵉ siècle, devenu véritablement un centre artistique qui tend déjà à imposer ses modes et ses goûts à toute la France, représentent des courants bien différents, mais qui tous deux ont eu leur moment de grand éclat. Le premier, conservateur des traditions romanes, est longtemps hostile aux nouvelles modes, travaille littéralement pour l'exportation et réalise en plein moyen âge ce que chaque nation essaie de faire aujourd'hui à ses voisines, au moins pour quelques branches de l'art ; Limoges monopolise, si l'on peut s'exprimer ainsi, la fabrication de l'orfèvrerie de cuivre émaillé. Paris accepte et s'assimile toutes les innovations, admet et encourage les ouvriers étrangers qui viennent lui apporter des formes ou des procédés nouveaux et acquiert ainsi un renom qui a pu traverser les siècles sans jamais s'affaiblir.

Pendant que les orfèvres du moyen âge créent une foule de chefs-d'œuvre dont la majeure partie, au moins de ceux qui sont parvenus jusqu'à nous, appartient à l'art religieux, sans cependant que des spécimens, plus rares il est vrai, puissent nous laisser douter qu'ils aient été inférieurs dans la fabrication des objets de décoration civile, les fondeurs essaient pendant de longs siècles, avec des succès divers, de faire revivre les grandes traditions de la sculpture antique. Mais là ils se montrent réellement inférieurs ; leur habileté technique est bien médiocre ; les plus grandes œuvres de bronze qu'ils ont produites, des portes d'église ornées de bas-reliefs, telles que celles de Hildesheim ou de Saint-Zénon, à Vérone, sont des œuvres barbares, qui, quoi qu'on en dise, ne sont que des documents intéressants pour l'archéologue ; une impuissance manifeste chez les artistes à traduire leur pensée par le dessin, une barbarie d'exécution incroyable ne permettent pas de présenter ces œuvres comme des modèles à imiter. On peut en dire presque autant des autres œuvres du même genre que possèdent encore l'Italie ou l'Allemagne : fort peu s'élèvent au-dessus du médiocre et même on pourrait difficilement y reconnaître un sentiment bien juste de la décoration. Si des bronzes telles que les fonts baptismaux de Saint-Barthélemy de Liége, ou, pour citer une œuvre d'époque plus récente, le lion qui se dresse sur l'une des places de Brunswick, peuvent faire oublier ce que les monuments que l'on vient de mentionner ont de barbare et d'imparfait, ce sont là malheureusement des exceptions ; et il faut bien dire que rarement ces monuments de bronze ou de laiton, fabriqués du xiie siècle au xve siècle en Allemagne, en France et surtout en Flandre, à Liége et à Dinant, et auxquels on applique le nom général de *Dinanderie*, s'élèvent au-dessus du niveau d'un véritable produit industriel, conçu à la hâte et exécuté à la grosse. Si quelques-uns sont un peu supérieurs de facture, ils n'atteignent jamais à la science d'exécution, au style et à la véritable élégance que montrent certaines sculptures monumentales de moyen âge. Ce style et ce sentiment vraiment artistiques nous les retrouvons au plus haut degré dans toute une série de monuments de petites dimensions exécutés en général par des orfèvres, les matrices de sceaux en bronze ou en argent, dont on ne s'occupaient guère jadis, mais qui cependant méritent toute notre attention. Sans parler de leur intérêt historique ou archéologique, ce sont de véritables modèles de goût et de finesse d'exécution.

L'orfèvrerie en Italie n'a pas jeté au moyen âge un éclat plus grand que dans les pays voisins : on serait plutôt tenté de la considérer comme inférieure, et certes les orfèvres français du xive siècle n'avaient rien à envier à leurs confrères de Sienne et de Florence, bien au contraire. C'est pourtant dans ces boutiques d'orfèvres que se sont formés les plus grands artistes de la Renaissance italienne ; c'est à l'école des orfèvres, en apprenant les minutieuses pratiques de ce difficile métier, qu'est née toute une pléiade de sculpteurs qui allait redonner à l'art du bronze tout son éclat : car, du premier coup, l'Italie, dans cette branche de la sculpture, a devancé tout le monde ; quand on songe que c'est au commencement du xve siècle que Lorenzo Ghiberti exécute son *Sacrifice d'Abraham* qui doit lui faire attribuer la commande des portes du baptistère de Florence, on ne peut essayer de comparer à ce chef-d'œuvre parfait les tombes de bronze gravées ou en relief fabriquées en France, en Flandre ou en Allemagne à la même époque. Pendant tout le xve siècle et une partie du xvie, nos fondeurs ne sont que des enfants en comparaison des Italiens qui se nomment Donatello, Michelozzo, Luca della Robbia, Filarete, Bertoldo, Agostino di Duccio, Andrea del Verrocchio, Antonio del Pollajuolo, pour ne citer, au hasard, que les plus connus.

Pendant que ces sculpteurs peuplent l'Italie d'une foule de bas-reliefs ou de statues, dont l'exécution parfaite révèle la forte éducation technique que presque tous ont reçue dans la boutique des orfèvres, se forme une industrie qui, à la Renaissance, tient un peu la place de la dinanderie du moyen âge. A l'imitation des anciens, au xve siècle, les Italiens ont fabriqué une foule de petits ustensiles, encriers, lampes, coffrets, candélabres, chenets, dont les modèles ont parfois été donnés par des sculpteurs de premier ordre, puis reproduits en grand nombre pendant de longues années. Deux ou trois centres en Italie semblent avoir eu comme le monopole de cette fabrication : Venise et surtout Padoue, que l'on a pu sans exagération appeler la ville des bronzes. Du jour où Donatello a exécuté à Padoue la statue de Gattamelata, la première grande statue équestre fondue depuis l'antiquité, et qu'inspirèrent le Marc-Aurèle de Rome et les chevaux de bronze de Saint-Marc, à Venise, on peut dire que les ateliers padouans ont fonctionné, et cela très avant dans le xvie siècle. Les bronziers de Padoue doivent donc leur origine au grand Florentin, ou tout au moins de lui date l'essor qu'a pris leur art. Mais Padoue seule n'a pas fabriqué ces objets : les Vénitiens ont eu aussi leur part dans cette véritable industrie et si Padoue peut s'enorgueillir de sculpteurs comme Riccio, qui ont créé des chefs-d'œuvre, tels que le candélabre de l'église Saint-Antoine ou les bas-reliefs du tombeau de della Torre, aujourd'hui au Louvre, et une foule de figures imitées de l'antique, Venise peut montrer Leopardi et tous les fondeurs, qui, sous la direction d'artistes comme Sansovino, ont répété à l'infini des modèles d'une excellente composition et d'une exécution souple et libre. Il est vrai que la république de Venise avait dans son Arsenal toute une légion d'artistes, qui, quand ils n'étaient pas occupés à fondre des canons, dont quelques-uns sont de pures œuvres d'art, employaient leurs loisirs à couler des vases, des coupes, des marteaux de portes, des mortiers et mille autres objets de bronze : témoins ces Alberghetti, véritable dynastie de fondeurs de canons, dont l'un a exécuté l'une des margelles en bronze des puits du palais ducal.

Comme l'art du fondeur, c'est en Italie que renait, à l'aube du xve siècle, l'art du médailleur que le moyen âge n'a, pour ainsi dire, pas connu ; et du premier coup aussi les Italiens arrivent à une telle perfection que personne depuis n'a pu les dépasser. Les noms de Vittore Pisano, de Matteo de' Pasti, de Sperandio, de Boldu, etc., sont assez connus maintenant pour qu'il ne soit pas nécessaire de faire l'éloge d'artistes qui ont joint à une science étonnante du dessin un talent de sculpteur et de fondeur au-dessus de tout éloge. Personne n'a mieux su que Vittore Pisano, grâce à une habileté surprenante à ménager les plans, donner plus de relief à des représentations d'aussi peu de saillie ; et c'est à lui que pensent aujourd'hui tous les médailleurs qui veulent faire de la médaille un véritable portrait et non point une représentation sèche et banale comme on en a trop longtemps exécuté. Coulées et non frappées, la plupart du moins, les médailles du xve et du xvie siècle forment une série qui peut lutter, au point de vue de l'art, avec ce que la numismatique antique nous a laissé de plus beau.

A côté des médailles, à un rang plus modeste, bien que quelques-uns d'entre eux aient une origine illustre, il faut placer toute une série de monuments qui, au xve et au xvie siècle, en Italie comme en France, ont joué un grand rôle. Les plaquettes de bronze, bas-reliefs de médiocre dimension, par conséquent peu coûteux, représentent une série de modèles qui ont rendu aux artistes les plus grands services. Créées en général par des orfèvres ou des sculpteurs, elles ont circulé d'atelier en atelier et ont servi à leur tour de modèles pour décorer les objets les plus divers : céramique, gainerie, reliure, bijouterie, tous les arts mineurs ont trouvé, dans ces humbles monuments, une source féconde de renseignements ; bien plus, les sculpteurs, qu'il s'agisse de sculpter un meuble, un manteau de cheminée ou la façade d'une cathédrale, ont parfois rencontré dans ces petits bronzes d'utiles indications ; les plus osés et les moins scrupuleux, au delà comme en deçà des monts, les ont copiés sans s'inquiéter autrement de leur origine : la propriété artistique n'était pas encore inventée.

Pendant que les bronziers ressuscitent l'art difficile du fondeur, que les orfèvres continuent à manier le ciselet et le burin, à décorer leurs pièces d'émaux polychromes qui en rehaussent l'éclat, les armuriers inventent d'autres chefs-d'œuvre destinés plus à la parure qu'à la défense de leurs clients ; le moyen âge n'avait guère connu les belles armures ou du moins, au moyen âge, le harnais n'était beau que par sa forme et non par sa décoration : à la fin du xve et au xvie siècle, les armuriers de Milan et d'Allemagne s'ingénient à graver, ciseler, repousser ou damasquiner d'or ou d'argent, plastrons, casques ou gantelets, pendant que les fourbisseurs tordent, d'une façon élégante et compliquée, les branches qui composent la garde des épées, pour lesquelles la vieille forme de croix est abandonnée. Ciselées ou incrustées de métaux précieux, ces poignées de fer, noirci ou clair, pourront être décorées de minces arabesques d'or comme les cabinets, les coffrets, les encriers, les fermoirs de bourse que maints artistes de Venise ou de Rome fabriquaient au XVIe siècle, à l'imitation des ouvrages de Damas ou de Perse.

Si l'on a fait tout à l'heure l'éloge des fondeurs italiens, il n'est que juste aussi de rendre justice à ces artistes plus modestes, mais cependant d'un grand savoir, qui, au XVIe siècle, exécutèrent en France, à l'aide de moules rapportés de Rome, ces beaux bronzes auxquels le nom du Primatice est resté attaché. Il n'est que juste de placer leurs noms à côté d'un artiste qui a fait aussi ses preuves comme bronzier, de Benvenuto Cellini, dont la nymphe de Fontainebleau ou le Persée sont de meilleurs titres de gloire que sa fameuse salière d'or, exécutée pour François Ier et qui fait partie du Trésor impérial de Vienne, et surtout qu'une foule de pièces d'orfèvrerie qui lui sont faussement attribuées. Si quelques-unes des œuvres qui ont eu l'honneur d'être portées à l'avoir de l'orfèvre florentin sont véritablement italiennes, il y en a autant au moins dont l'origine allemande n'est pas contestable et qui sont bien postérieures à Cellini. Il faut remarquer du reste que cette confusion n'a rien que de très légitime, car au XVIe siècle, grâce à la diffusion des modèles par la gravure, des artistes de pays très différents au point du vue du goût et du sentiment artistique ont pu créer des œuvres présentant entre elles des variantes de style fort minimes parce que les uns et les autres s'inspiraient aux mêmes recueils de modèles. Les estampes d'Etienne de Laulne, d'Orléans, de Pierre Woeriot, lorrain établi à Lyon, de Balthazar Sylvius, de Théodore de Bry, flamand, de Collaert, ont été copiées partout, aussi bien en France qu'en Allemagne et en Italie, et les orfèvres y ont partout puisé, à peu près de la même manière, les montures de pierres, les anneaux, les arabesques, etc.

Si le style se modifia à l'époque de Louis XIII, si, dans les bijoux notamment et dans l'orfèvrerie, on rencontre l'imitation des fleurs naturelles, ou bien des branchages destinés à disparaître presque entièrement sous les pierreries, tels que nous en montrent les modèles de Lesgaré, le système ne changea pas et les mêmes dessins furent employés dans toute l'Europe, avec fort peu de différences dans l'exécution.

Ce qui est vrai de la décoration l'est quelquefois aussi des formes et il est très certain qu'il est assez malaisé, en l'absence de signatures, de distinguer une horloge fabriquée au XVIe siècle à Augsbourg ou à Nuremberg, d'une pièce exécutée à Blois, où cependant l'horlogerie fut pendant longtemps très florissante. L'enveloppe de ces ustensiles

de cuivre doré et gravé affecte à peu près les mêmes formes ; cylin-
driques ou rectangulaires, basses ou élevées, leur galbe n'est pas si
différent que l'on ne puisse s'y tromper. On peut, bien entendu,
étendre à l'orfèvrerie d'étain ce que l'on a dit plus haut de l'orfèvrerie en métal précieux ; si les œuvres de Briot et d'Enderlein sont
connues, il est beaucoup d'autres pièces auxquelles, en l'absence de
poinçons, il est impossible d'attribuer une origine certaine.

On ne peut songer ici à faire, même en raccourci, l'histoire de la
sculpture en métal proprement dite, on doit se borner à mentionner
les points véritablement saillants de l'histoire de cet art au point de
vue de la décoration. Avec Louis XIV et sous l'influence de Charles
Lebrun, on peut dire que le système du livre de modèles banal servant
à toute l'Europe est abandonné ; et quand les pays étrangers nous
copient, ils ne font qu'exécuter un modèle qui a été déjà mis en
œuvre en France ; ils ne nous renvoient guère de modèles origi-
naux ; il y a exportation de la part de la France, mais sans récipro-
cité. On peut dire que ce système, qui n'était pas fait pour déplaire à
notre orgueil national, a duré jusqu'à la fin du xviiie siècle, pour l'orfèvrerie, sinon pour la bijouterie pour laquelle les modèles gravés
continuèrent longtemps à faire la loi.

Au style un peu lourd, mais non dépourvu de grandeur et d'origi-
nalité, bien qu'il fût inspiré de l'antique, que Lebrun avait mis à la
mode et qu'il avait étalé dans le fameux mobilier d'argent du roi,
on ne peut pas dire qu'ait succédé immédiatement un style nouveau,
car les artistes employés par Louis XIV, quelques-uns du moins, ont
survécu à la partie la plus fastueuse de son règne. Ce n'est point sans
transition et sans nuances que l'on est passé du style noble au style
rocaille, de Ballin à Thomas Germain et aux compositions de Meissonnier traduites par Jacques Caffiéri ; mais si ce sont là des transitions
que l'on peut saisir sur les monuments, il est moins aisé de les expli-
quer avec la plume que par les yeux et c'est sur les innombrables
meubles que les ébénistes et les bronziers du xviiie siècle ont fabriqués
pour toute l'Europe qu'il faut les étudier, depuis Charles Cressent et
le style de la Régence jusqu'à Gouthière, Riesener et Weisweiller et
le style Louis XVI. Jamais peut-être à aucune époque on n'a poussé
aussi loin l'habileté de la composition et la conscience dans l'exécution. On peut préférer tel ou tel style, aimer le style rocaille et haïr
le style Louis XVI, plus froid et d'un caractère moins intime, mais
on ne saurait méconnaitre ni dans l'un ni dans l'autre, quand il s'agit
de meubles français bien entendu, qu'à l'une comme à l'autre de ces
époques on ait montré un véritable génie dans ces agencements et ce
mariage coutumier du bronze et de l'ébénisterie. On retrouve bien le
même soin dans l'exécution sous le premier Empire, les meubles de
Jacob sont là pour en témoigner, mais quant au goût il semble, au moins
à notre avis, qu'il se soit évanoui.

Il n'est pas très facile de dire quelques mots de notre siècle qui a compté et compte surtout aujourd'hui des artistes de premier ordre, auxquels on rendra sans doute plus tard la justice qu'ils méritent. Si les créations d'Odiot nous semblent passées de mode, il ne faut pas cependant les mépriser ; elles ont leur mérite et leur style et c'est, à coup sûr, ce dont nous manquons le plus aujourd'hui. Il est évident que quand tel ou tel orfèvre s'adresse à tel ou tel sculpteur pour exécuter la maquette d'une pièce d'orfèvrerie, il peut produire des chefs-d'œuvre qui n'ont rien à envier à ce que nos devanciers ont créé de plus parfait ; mais ce n'est point là que se reconnaît le style, c'est dans l'application de toute une série de formes, de motifs d'ornementation, de partis pris qui donnent à toutes les œuvres créées à une même époque la même allure et la même expression. Il faut bien avouer que c'est là une qualité qui nous manque : les uns font du Louis XIV, du Louis XV ou du Louis XVI, d'autres s'évertuent à copier des modèles de la Renaissance en les détournant plus ou moins de leur destination première, mais bien peu arrivent à créer des œuvres réellement originales. Ce n'est point pour rabaisser le mérite très réel d'artistes tels que les Vechte, les Froment-Meurice, les Fannière, les Falize, les Boin-Taburet, les Christophle ; mais si les uns et les autres, secondés par des ouvriers du plus grand talent, parviennent à faire des copies et des imitations parfaites, ce n'est que par exception que l'on rencontre chez eux ce je ne sais quoi qui compose un style véritablement original.

Le xviiᵉ et le xviiiᵉ siècle avaient emprunté des motifs de décoration aux Chinois, mais ces emprunts étaient plutôt des imitations libres que des copies. Nous autres modernes, nous sommes allés plus loin dans cette voie et l'Extrême-Orient, mieux connu, a été pour nous, surtout au point de vue technique, une source féconde d'enseignements. Ce n'est point tant leurs formes qui doivent nous inspirer que leurs procédés techniques où Chinois et Japonais déploient véritablement une habileté merveilleuse. Sans être partisan du japonisme à outrance, on ne peut déplorer, comme le font quelques personnes trop chagrines, que nous soyons entrés en contact avec un art, par certains côtés, si différent du nôtre. On peut être assuré d'avance que nous n'en prendrons que ce qui est assimilable à notre génie et que l'engouement bien légitime et bien excusable de certains amateurs n'aura point la funeste influence que d'aucuns craignent ; nous ne deviendrons point des Japonais pour cela ; mais où serait le mal si nous avions emprunté à cet art, nouveau pour nous et original, quelques-uns de ses procédés et de ses méthodes de décoration ? En art, chacun prend son bien où il le trouve, et jamais nos devanciers n'ont eu à regretter d'avoir appliqué ce principe.

ÉMILE MOLINIER.

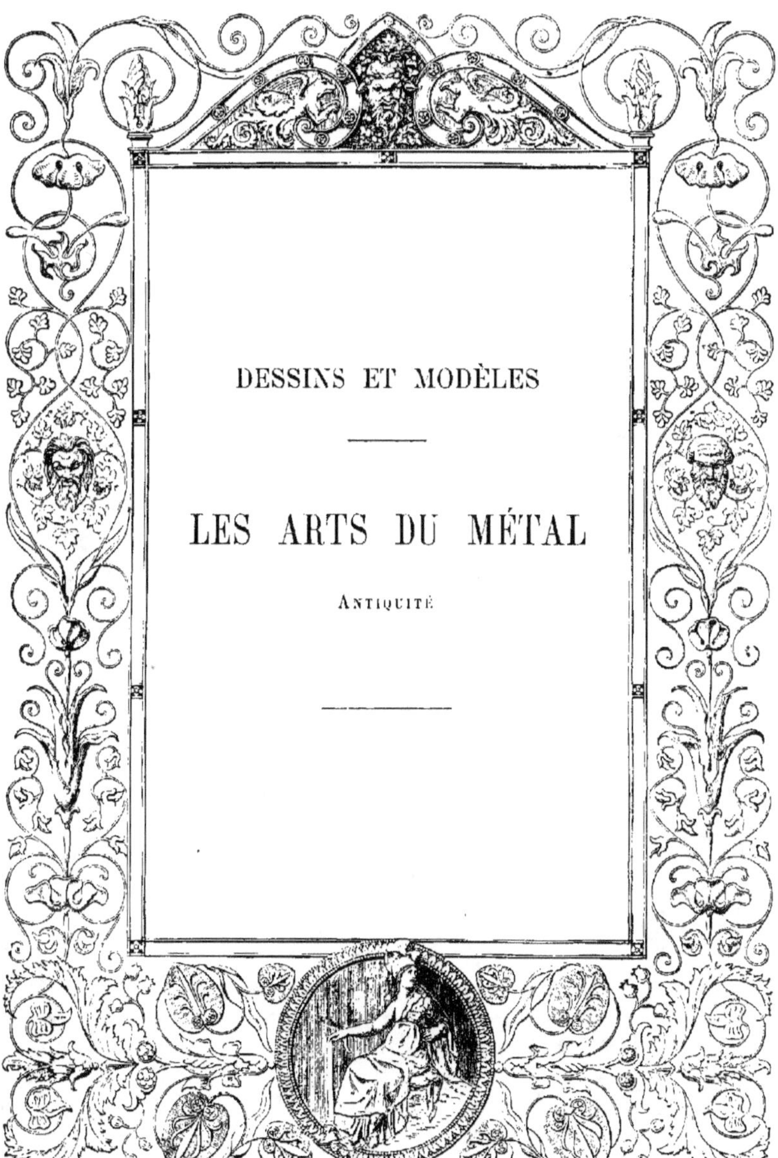

ENCADREMENT COMPOSÉ D'APRÈS DES MOTIFS ANTIQUES.

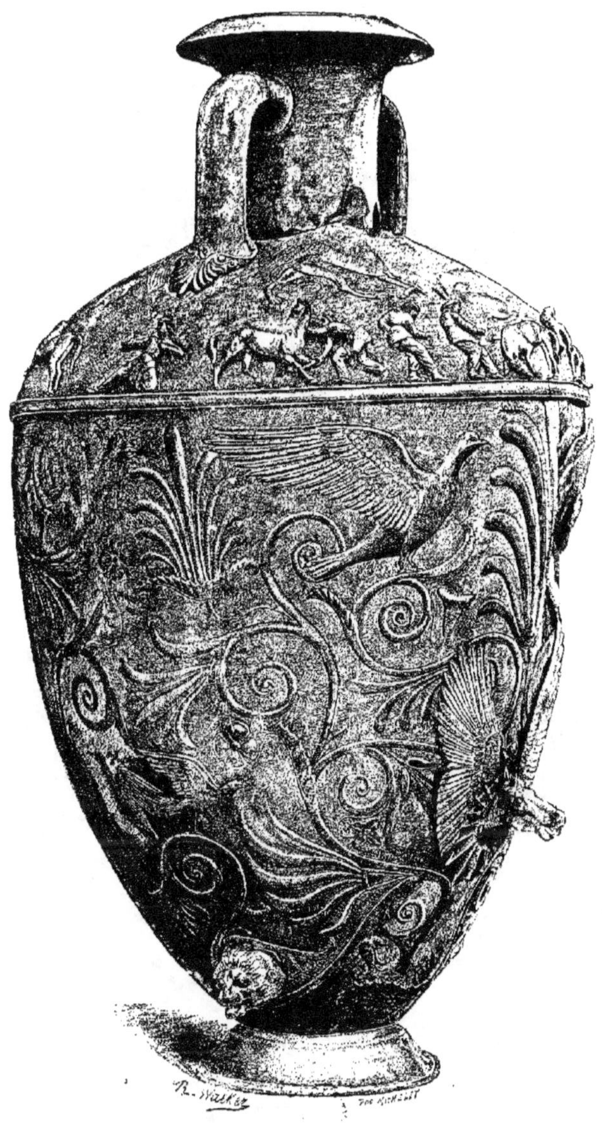

VASE GREC EN ARGENT, A RELIEFS DORÉS, TROUVÉ A NIKOPOL.

(Musée de Saint-Pétersbourg.)

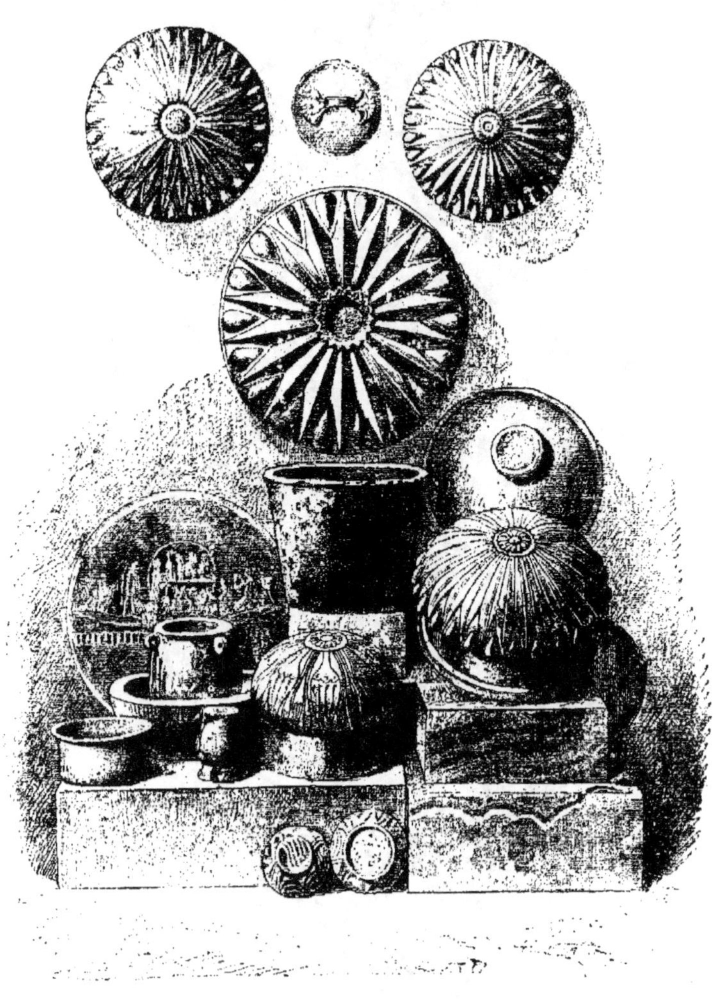

VASES SACRÉS EN ARGENT. — ÉGYPTE, XXVIᵉ DYNASTIE.

(Musée de Boulaq.)

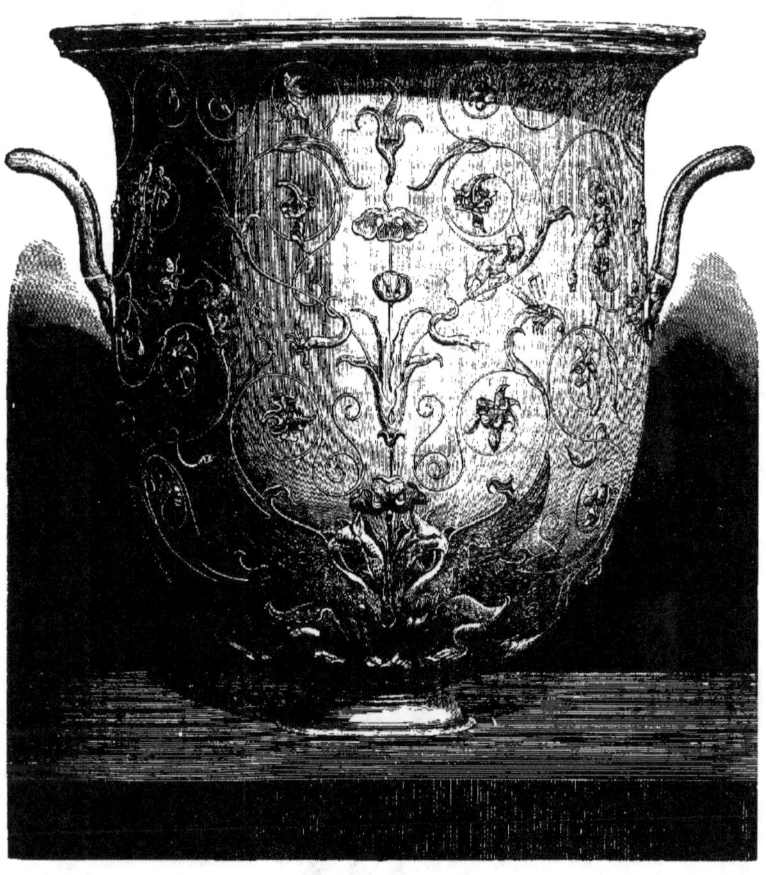

GRAND CRATÈRE ROMAIN, EN ARGENT, DU TRÉSOR DE HILDESHEIM.
(Musée de Berlin.)

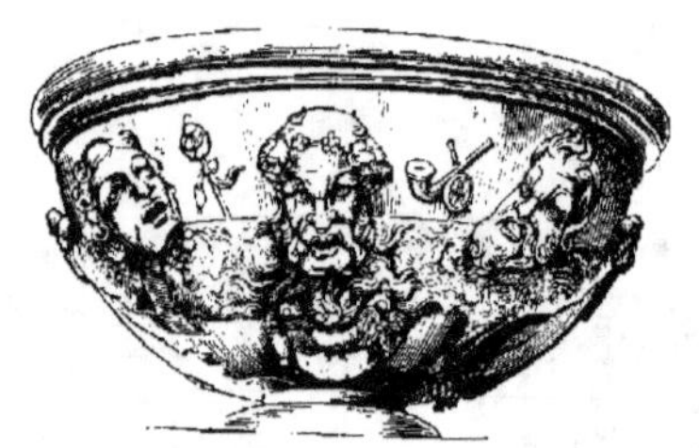

VASE ANTIQUE DU TRÉSOR DE HILDESHEIM.

(Musée de Berlin.)

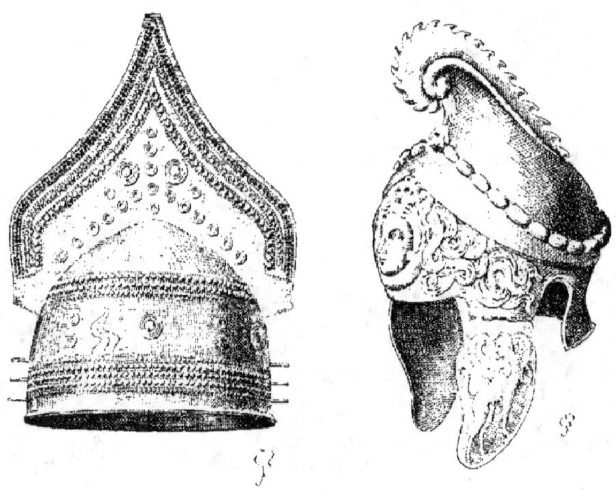

CASQUE GAULOIS.   CASQUE GREC EN CUIVRE.

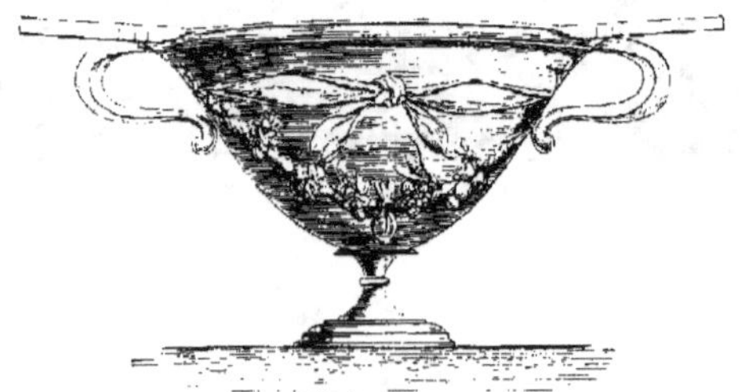

COUPE ANTIQUE DU TRÉSOR DE HILDESHEIM.

(Musée de Berlin.)

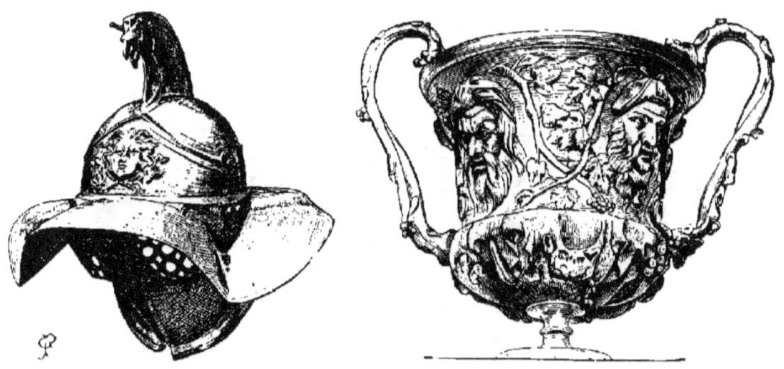

CASQUE DE GLADIATEUR.   VASE ANTIQUE DU TRÉSOR DE HILDESHEIM.

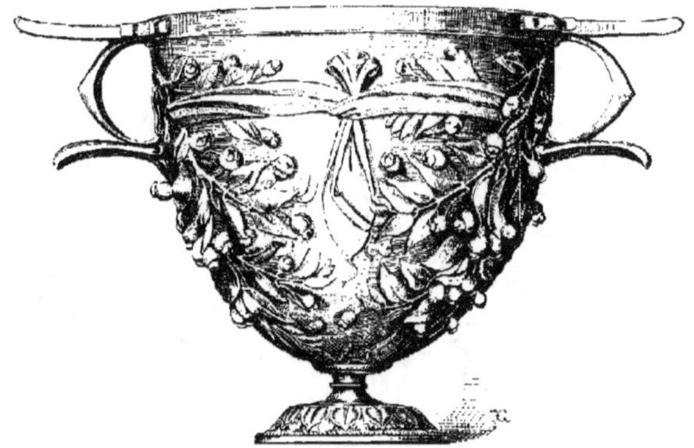

VASE ANTIQUE, EN ARGENT, DU MUSÉE DE SAINT-GERMAIN.

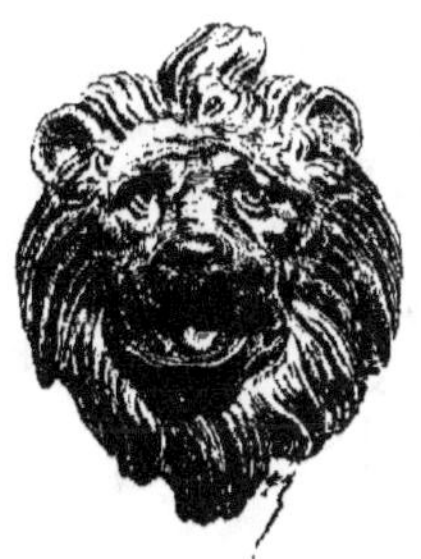

TÊTE DE LION, EN BRONZE.

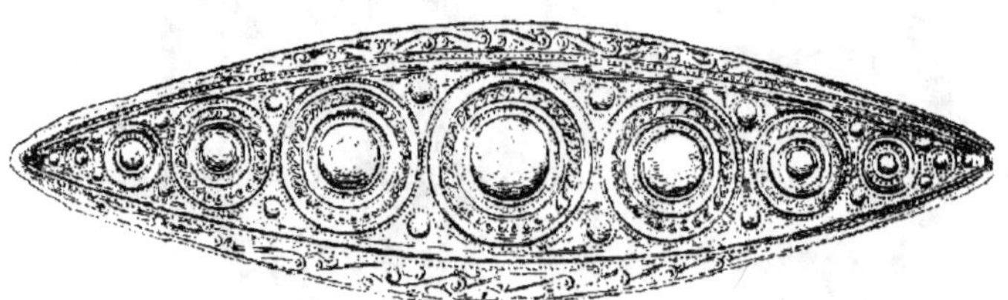

DIADÈME GREC EN OR REPOUSSÉ.

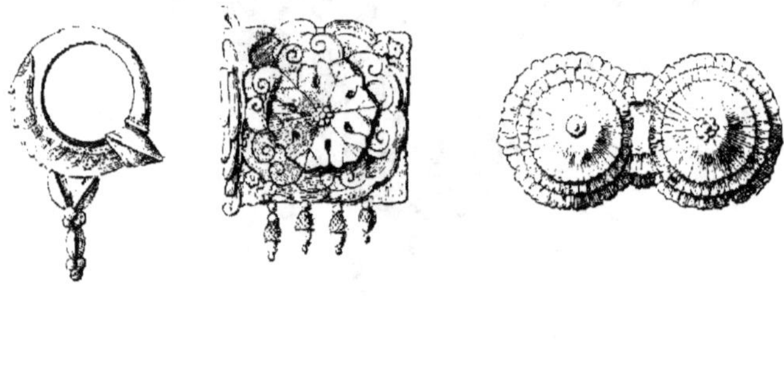

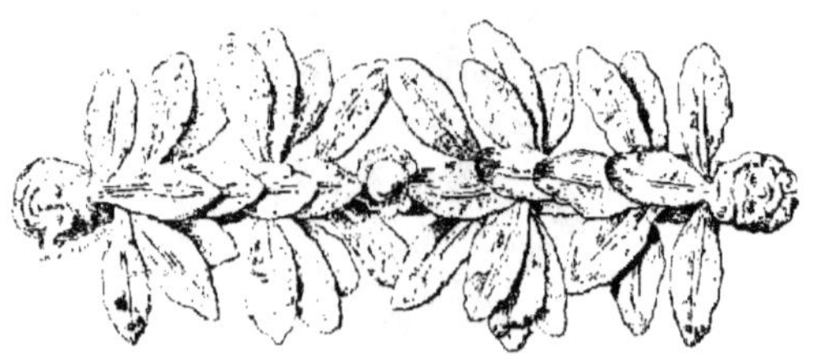

DIVERS BIJOUX ÉTRUSQUES OU GRÉCO-ÉTRUSQUES.

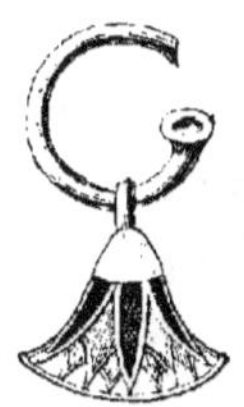

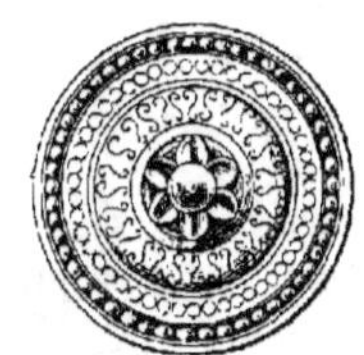

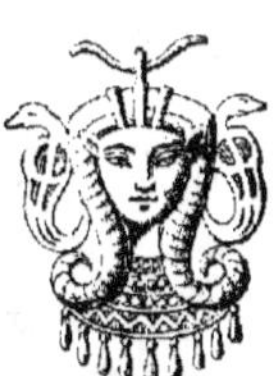

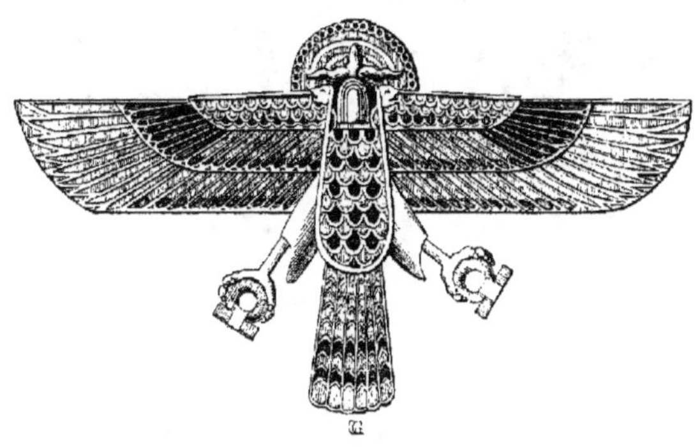

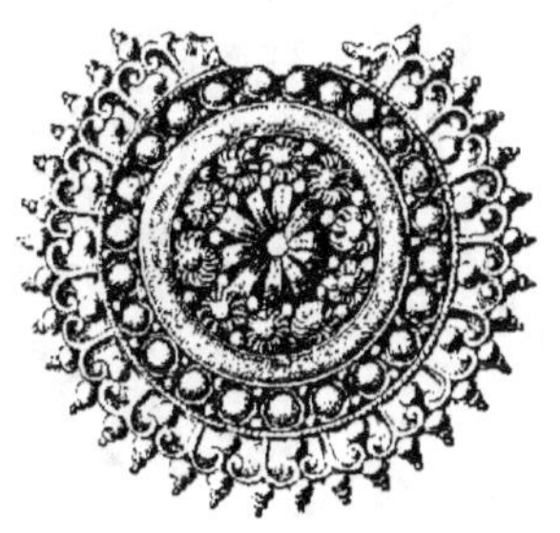

BIJOUX ÉGYPTIENS RAYONNANTS OU EN ÉVENTAIL.

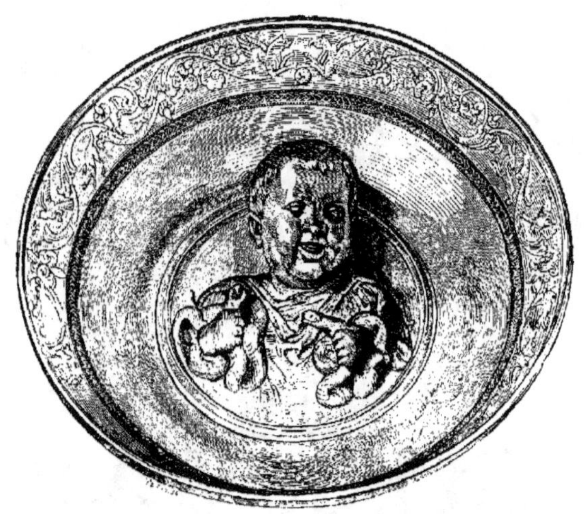

« HERCULE ENFANT ÉTOUFFANT DES SERPENTS. »

PATÈRE DU TEMPS D'AUGUSTE, TRÉSOR DE HILDESHEIM.

(Musée de Berlin.)

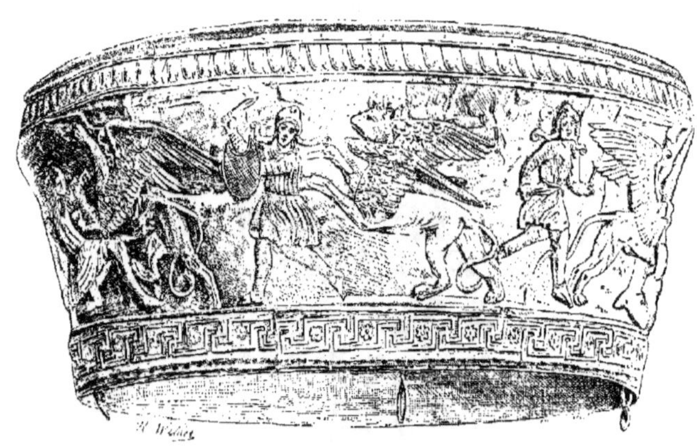

REVÊTEMENT EN OR D'UN VASE TROUVÉ A LA GRANDE BLIZNITSA.

(Musée de Saint-Pétersbourg.)

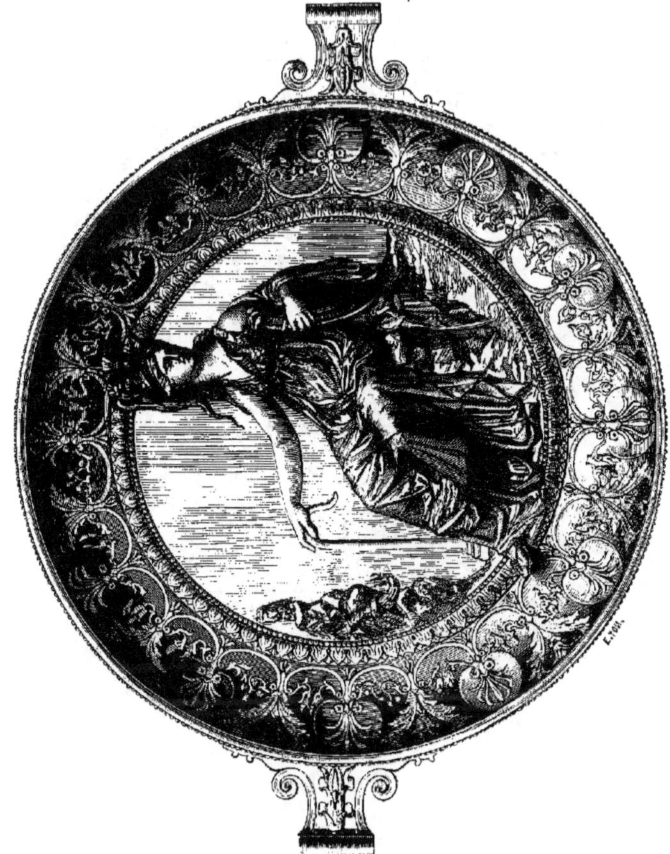

« MINERVE ASSISE, » COUPE EN ARGENT DU TRÉSOR DE HILDESHEIM.

(Musée de Berlin.)

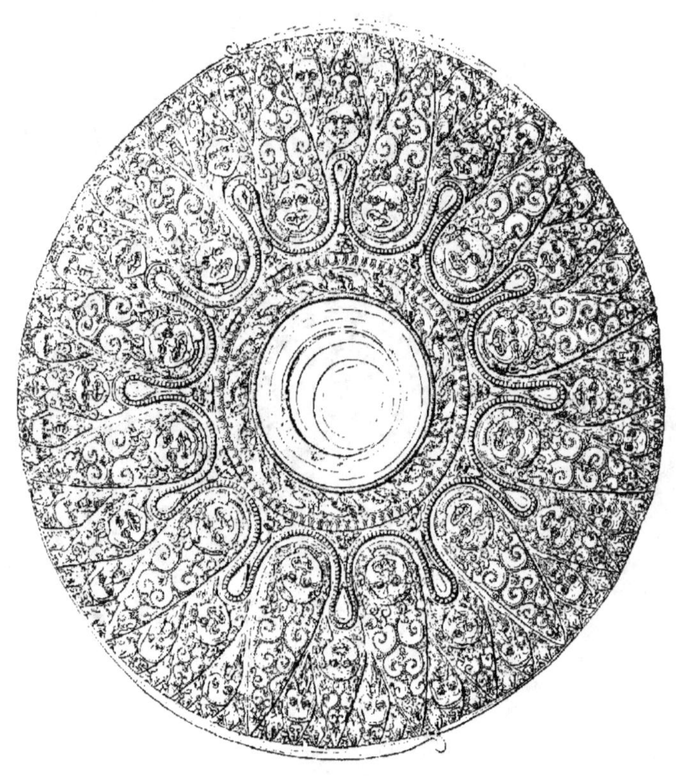

PHIALE EN OR, TROUVÉE AU KOUL-OBA.

(Musée de Saint-Pétersbourg.)

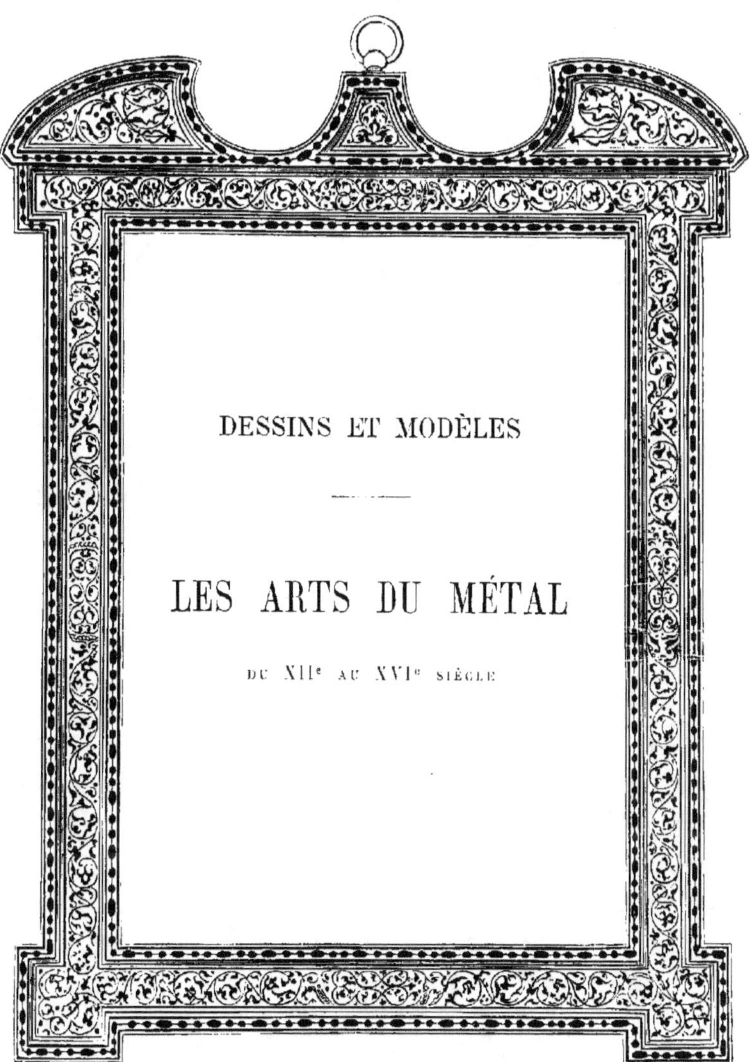

CADRE ITALIEN EN FER DAMASQUINÉ D'OR, XV.e SIÈCLE.

(Collection d'Armaillé.)

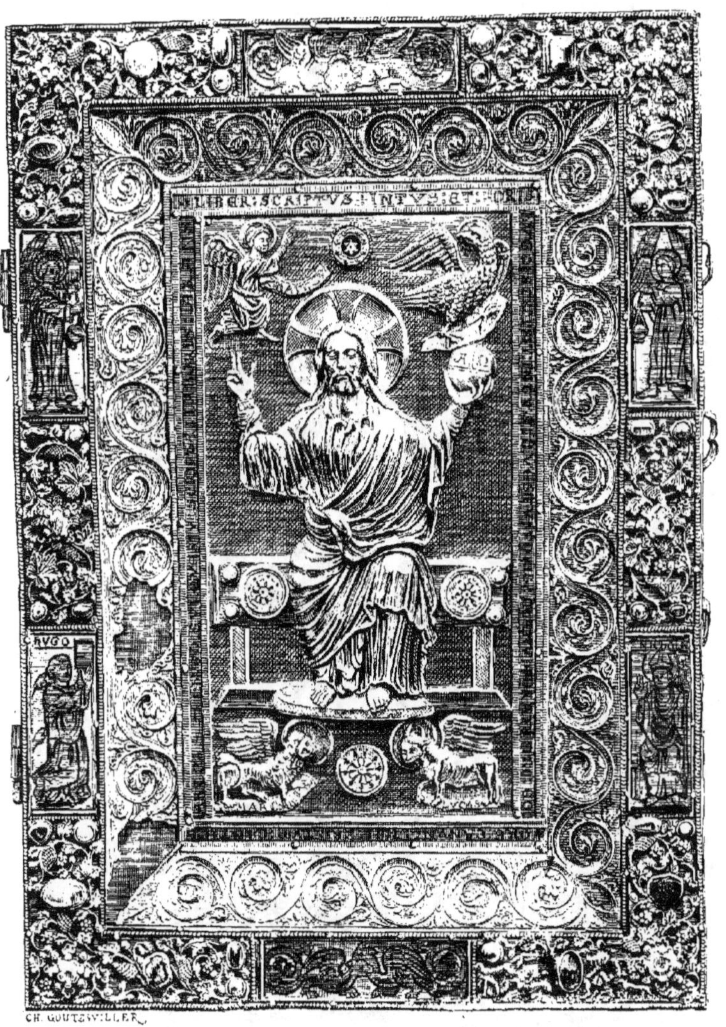

CH. GOUTZWILLER

COUVERTURE D'ÉVANGELIAIRE, EXÉCUTÉE PAR LE FRÈRE HUGO D'OIGNIES.

(XIIIᵉ siècle.)

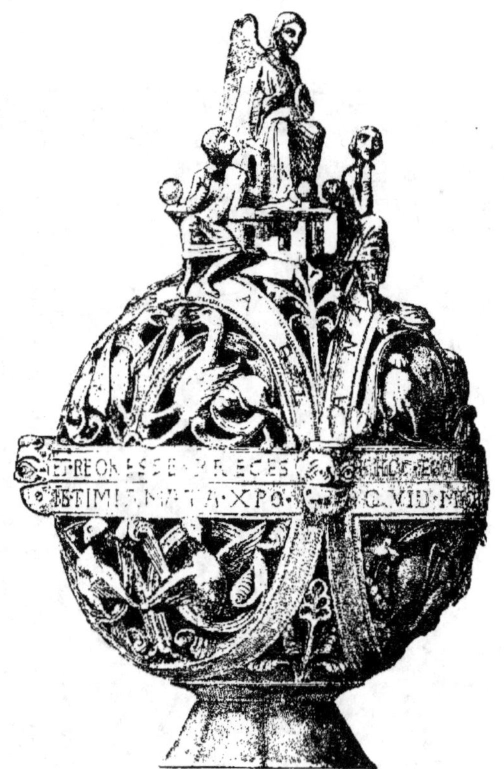

ENCENSOIR DU XIIe SIÈCLE.

(Musée de Lille.)

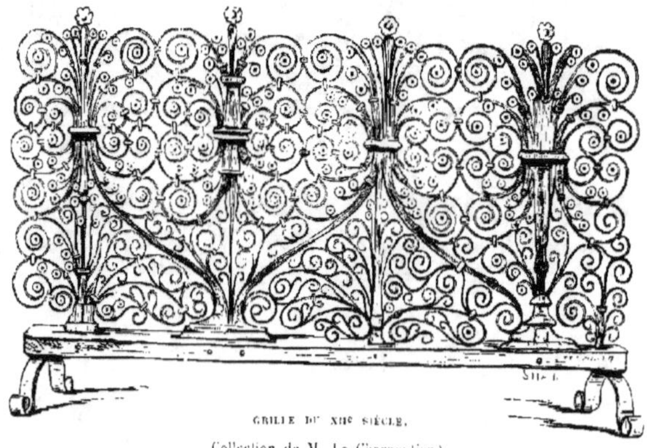

GRILLE DU XIIe SIÈCLE.

Collection de M. Le Charpentier.)

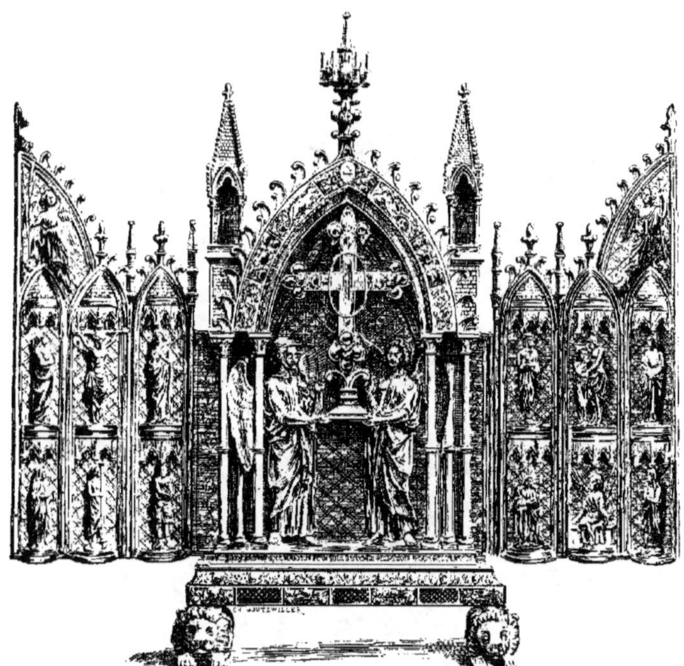

RELIQUAIRE POLYPTIQUE DE LA VRAIE CROIX, EN ARGENT DORÉ. (XIIIᵉ SIÈCLE.)

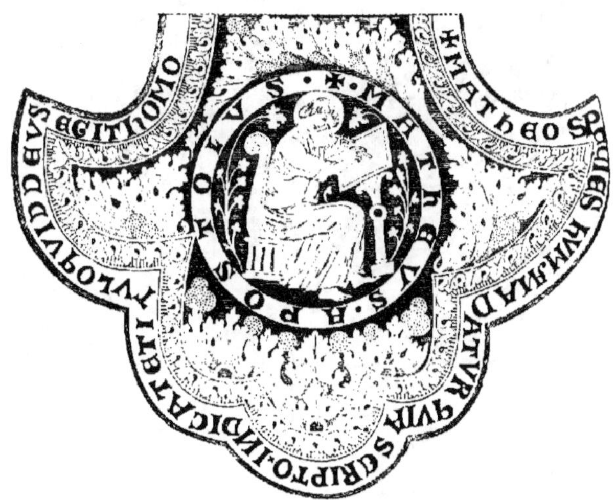

DÉTAIL DE LA CROIX DE CLAIRMARAIS, ARGENT NIELLÉ. (XIIIᵉ SIÈCLE.)

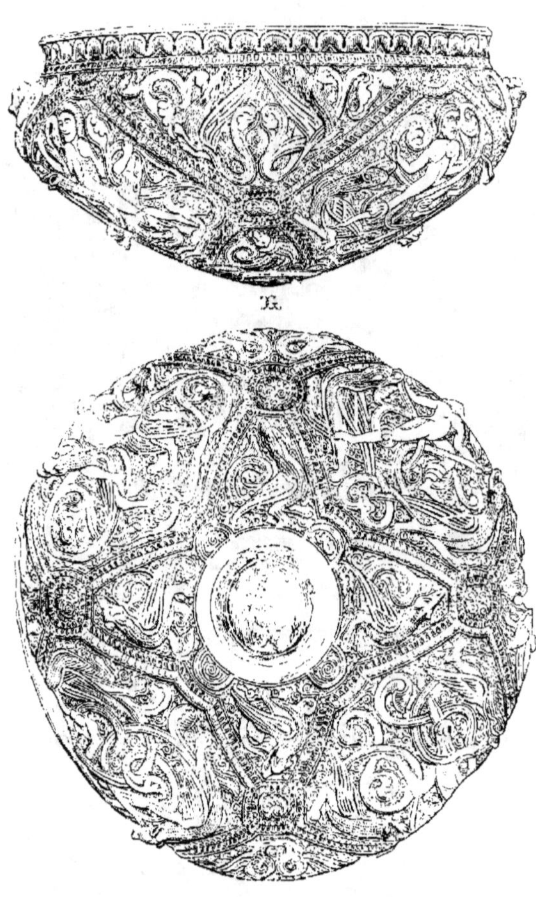

FRAGMENT DE COUPE EN ARGENT

(Collection Basilewski.)

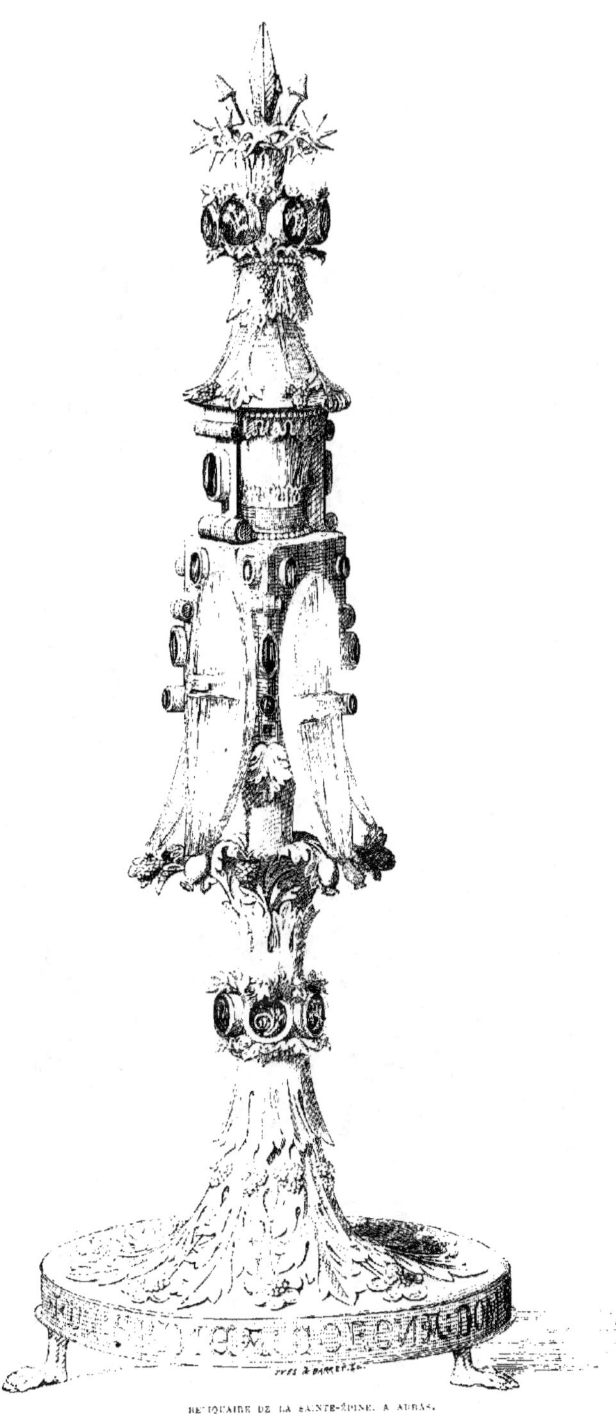

RELIQUAIRE DE LA SAINTE-ÉPINE, A ARRAS.

(XIIIe siècle.)

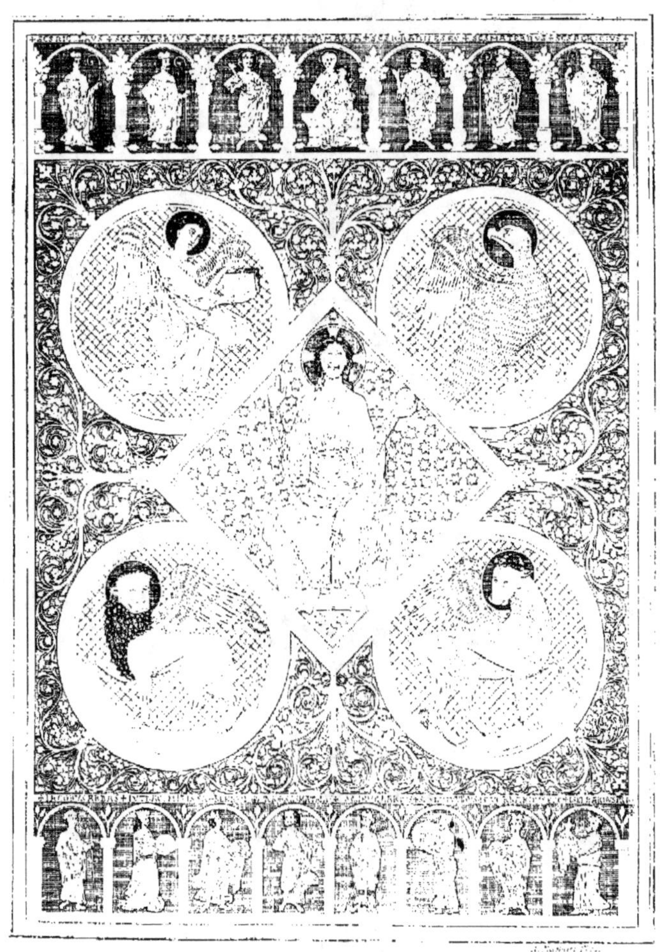

RELIQUAIRE DE LA VRAIE CROIX (REVERS). — XIIe SIÈCLE.

(Église Saint-Mathias, à Trèves.)

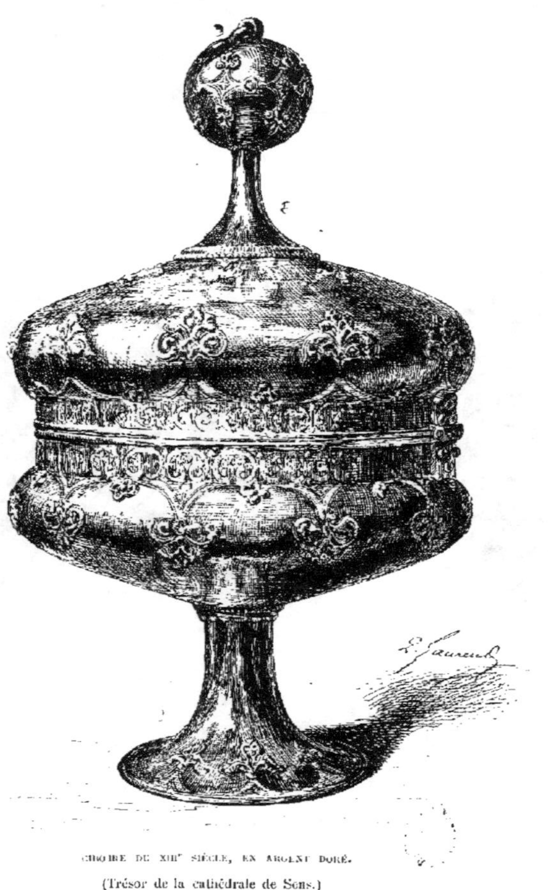

CIBOIRE DU XIIIe SIÈCLE, EN ARGENT DORÉ.

(Trésor de la cathédrale de Sens.)

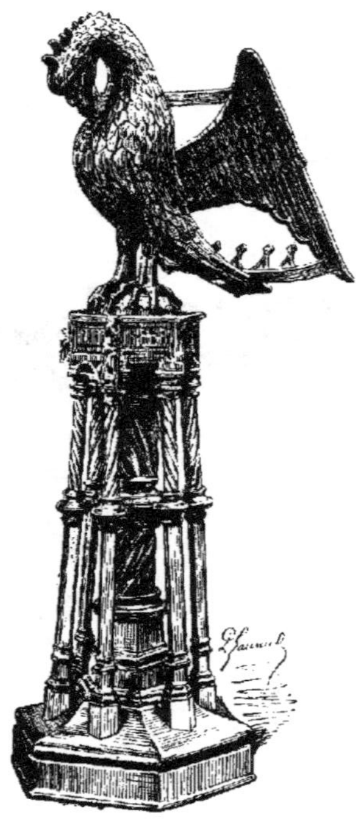

LUTRIN EN CUIVRE FONDU.

(XVe SIÈCLE.)

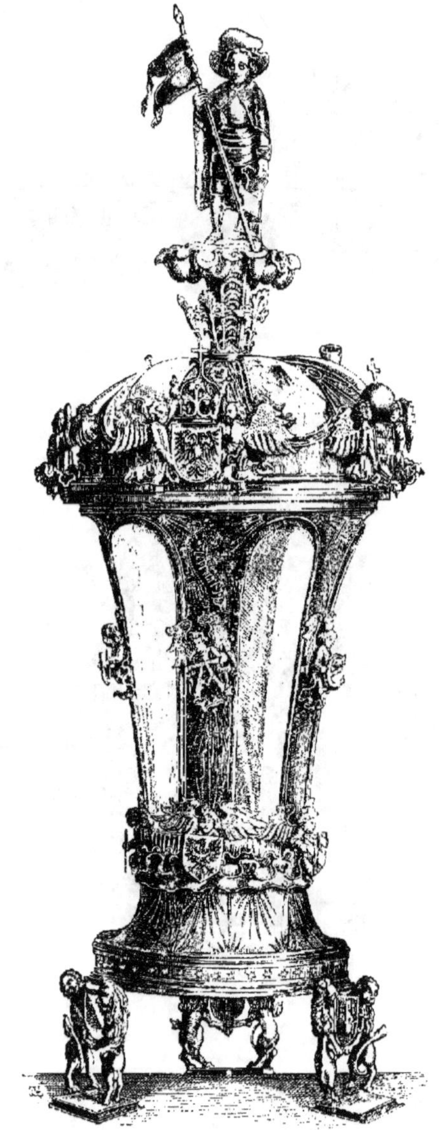

COUPE DE FRÉDÉRIC IV EN ARGENT DORÉ, CISELÉ ET ÉMAILLÉ. — XVe SIÈCLE.

(Trésor impérial de Vienne.)

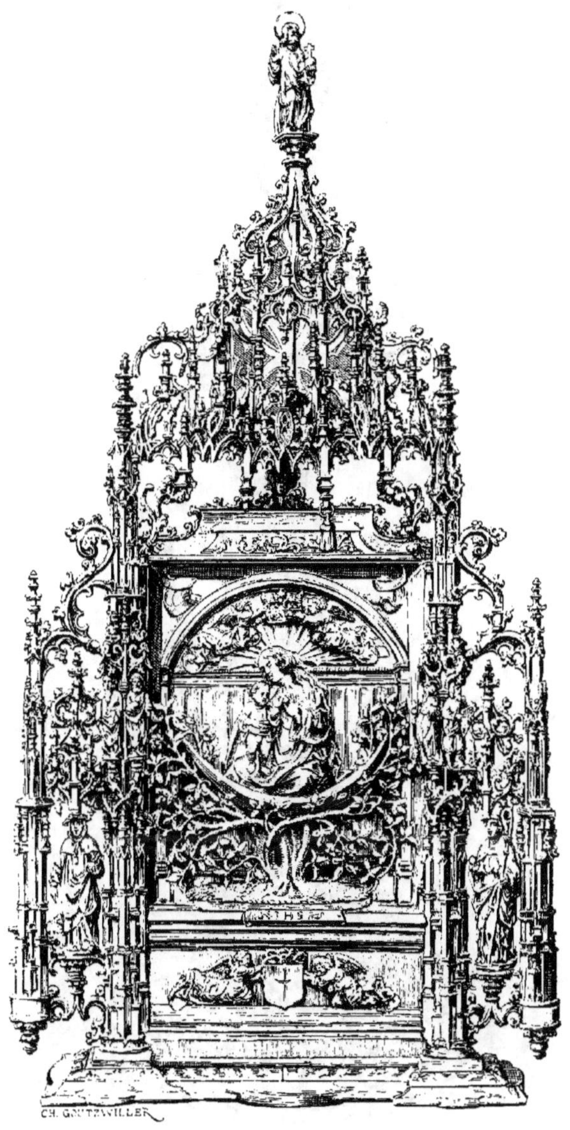

OSCULATORIUM EN ARGENT CISELÉ. (STYLE MANUÉLIN.)

(Appartenant à l'Académie des Beaux-Arts de Lisbonne.)

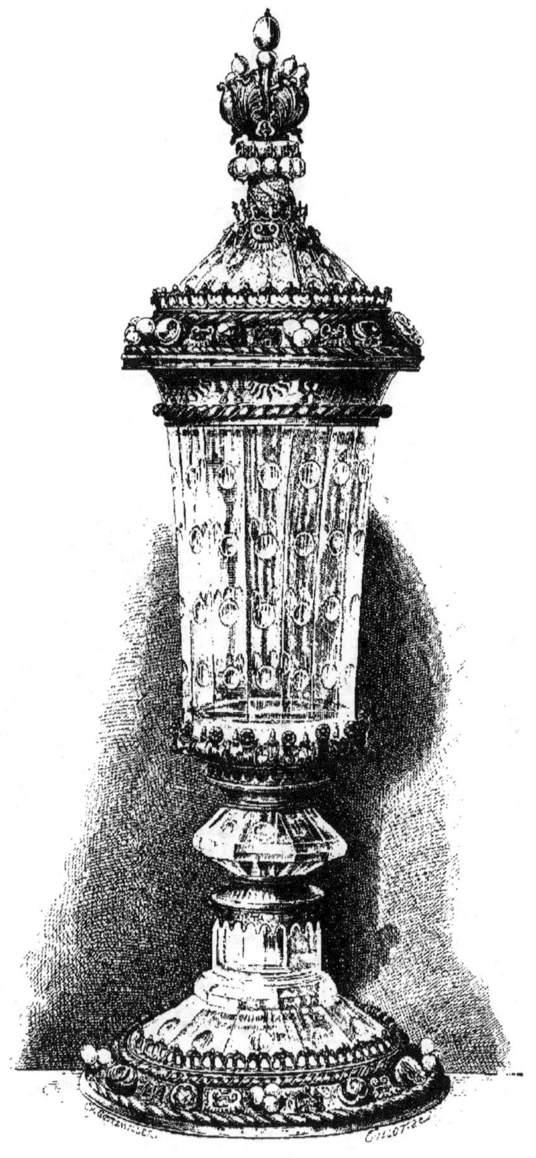

GOBELET DIT DE CHARLES LE TÉMÉRAIRE

AVEC MONTURES EN OR CISELÉ ET ÉMAILLÉ. — XV° SIÈCLE

(Trésor Impérial de Vienne.)

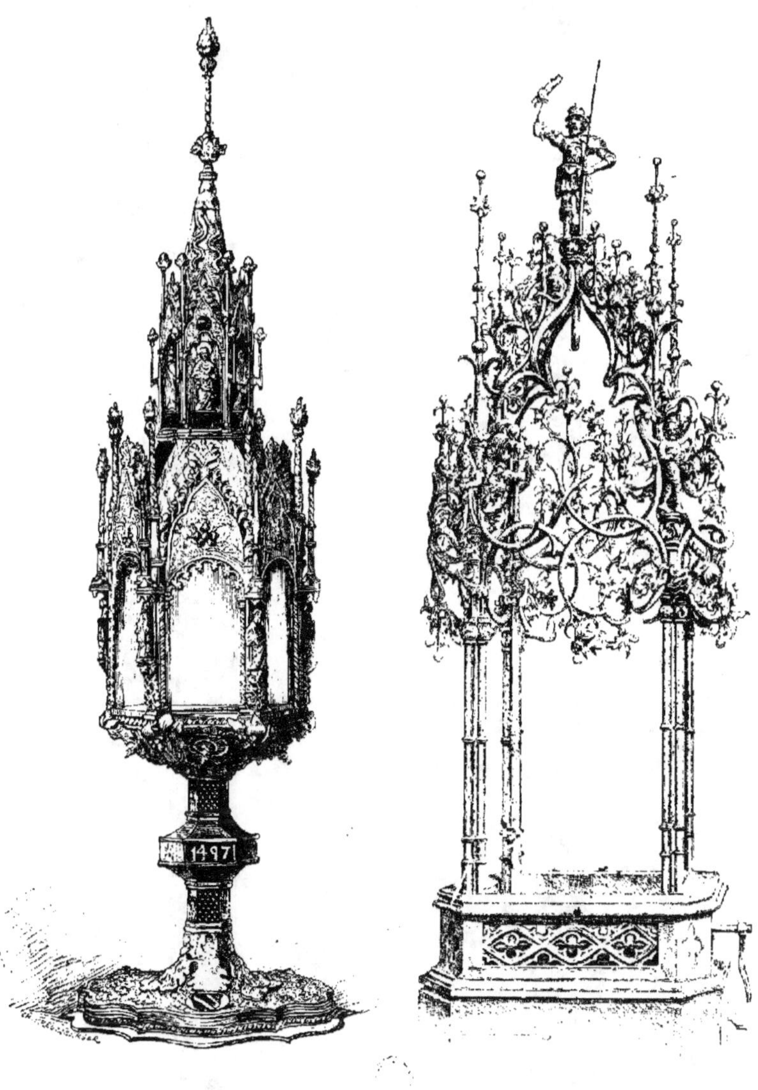

MONSTRANCE ITALIENNE (1497).

(Collection Stein.)

FERRURE DE PUITS ATTRIBUÉE A QUENTIN MATSYS.

(Place de la cathédrale d'Anvers.)

DESSINS ET MODÈLES.

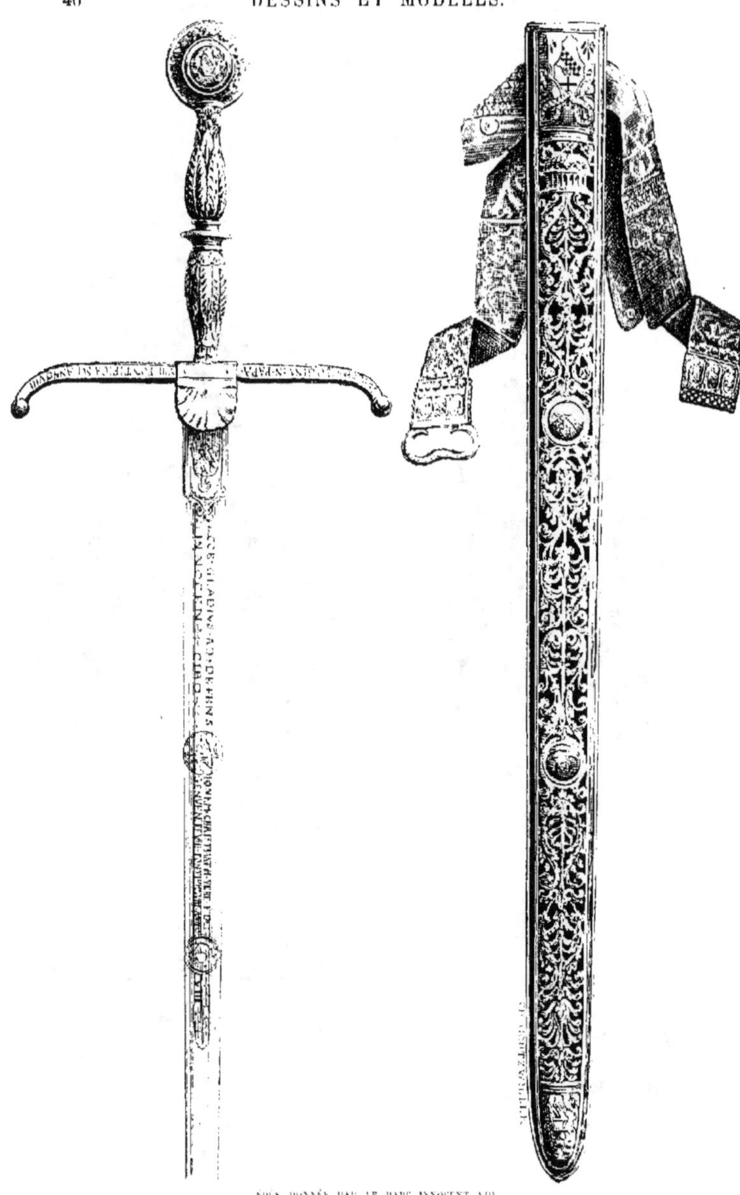

ÉPÉE DONNÉE PAR LE PAPE INNOCENT VIII.

(Musée de Cassel.)

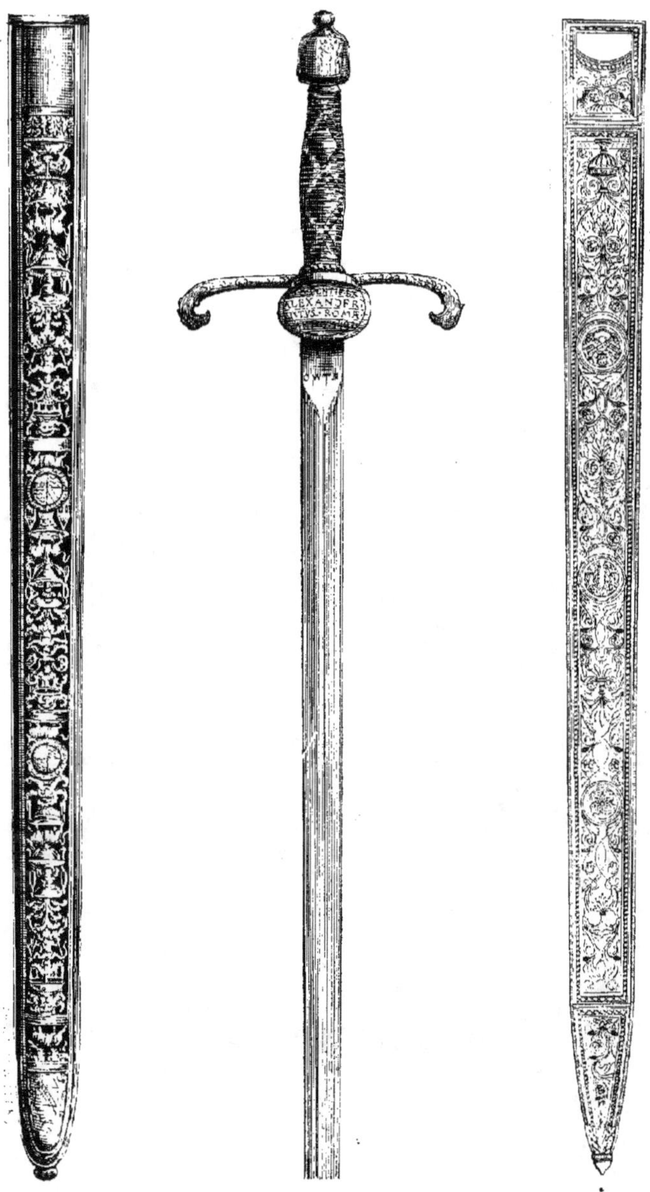

1 et 2. ÉPÉE DONNÉE PAR LE PAPE ALEXANDRE VI. (Monbijou-palais, à Berlin.)

3. FOURREAU D'UNE ÉPÉE D'HONNEUR DONNÉE PAR LE PAPE NICOLAS V.

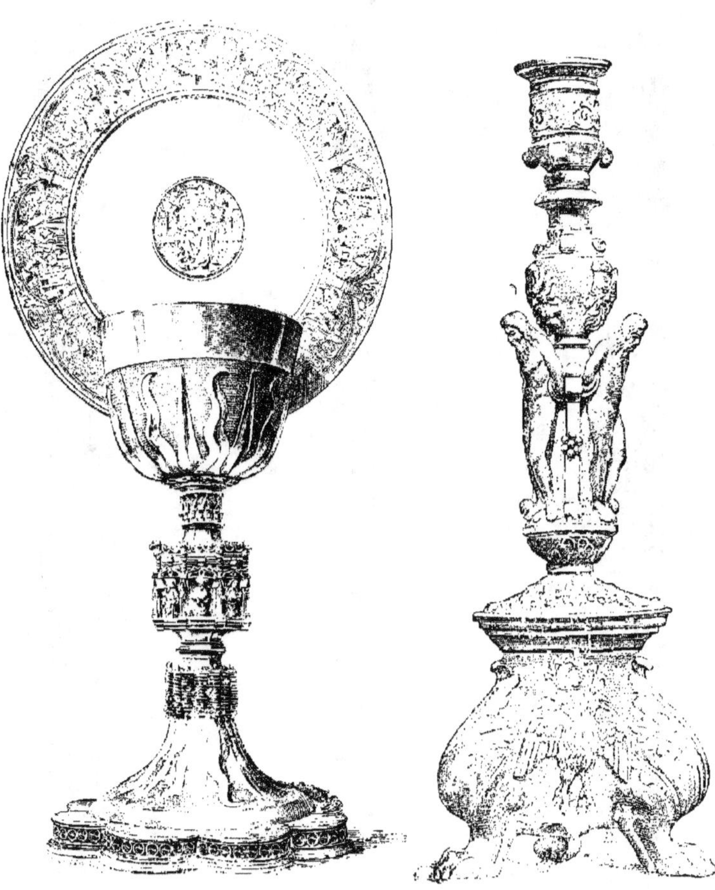

CALICE EN VERMEIL. — FIN DU XVe SIÈCLE.

(Collection Odiot.)

CANDÉLABRE EN BRONZE. — FIN DU XVe SIÈCLE.

(Collection Baslini.)

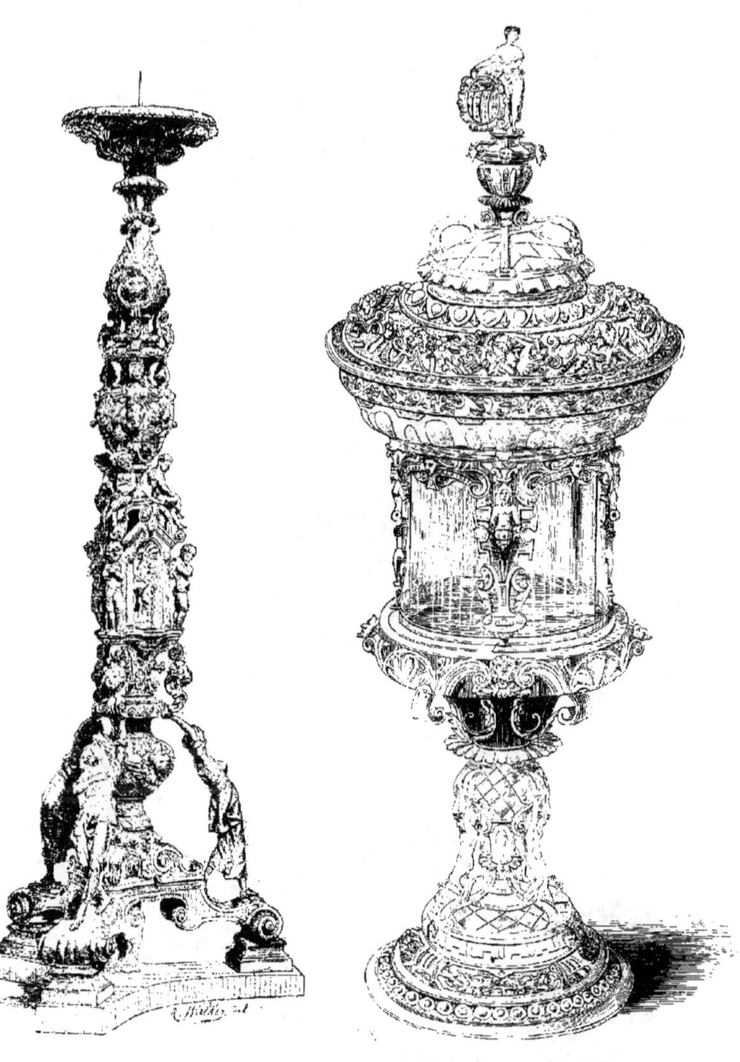

CANDÉLABRE EN BRONZE

PAR ALESSANDRO VITTORIA.

COUPE DE SIR MARTIN BOWES.

(Appartenant à la corporation des orfèvres de Londres.)

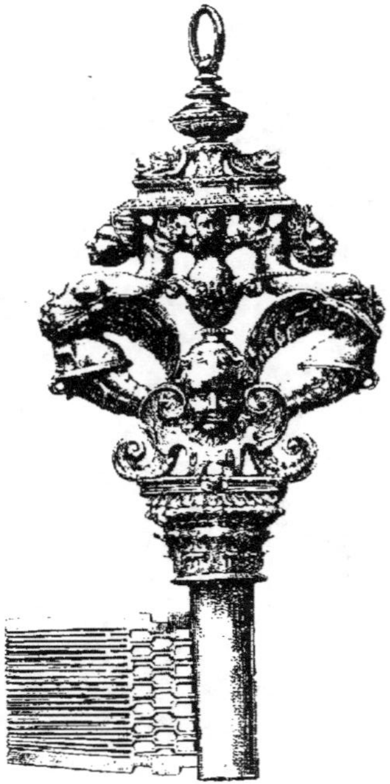

CLEF STROZZI, EN ACIER CISELÉ.

(Collection de M. le baron Ad. de Rothschild.)

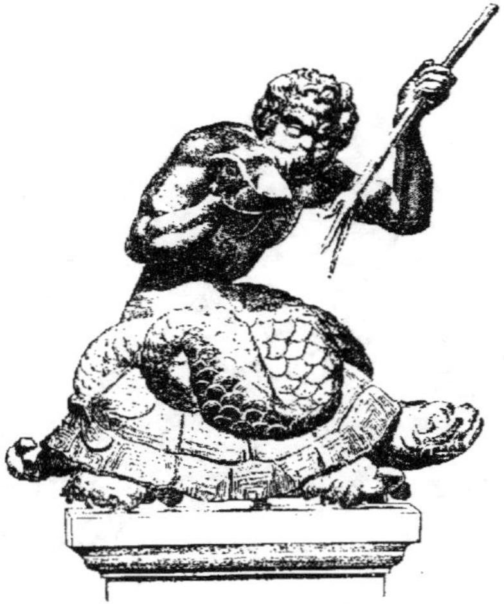

BRONZE DU XVIᵉ SIÈCLE.

(Collection Cristoforis.)

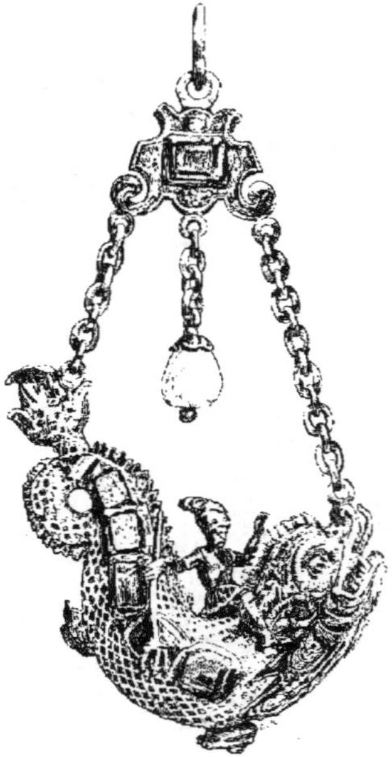

PENDELOQUE EN OR ÉMAILLÉ.

(XVIᵉ SIÈCLE.)

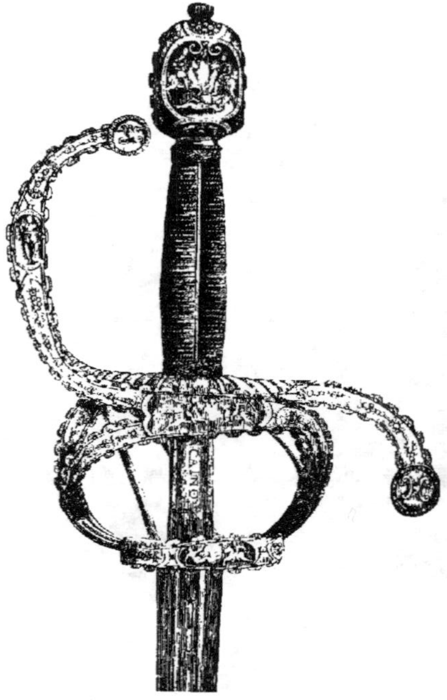

RAPIÈRE ALLEMANDE DU XVIe SIÈCLE.

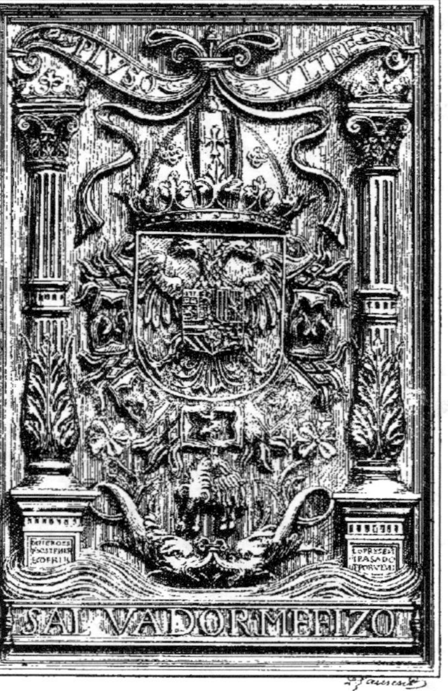

PLAQUE EN FER CHAMPLEVÉ ET CISELÉ.

Représentant les armes de Charles-Quint; œuvre de Salvador.
(Collection Spitzer.)

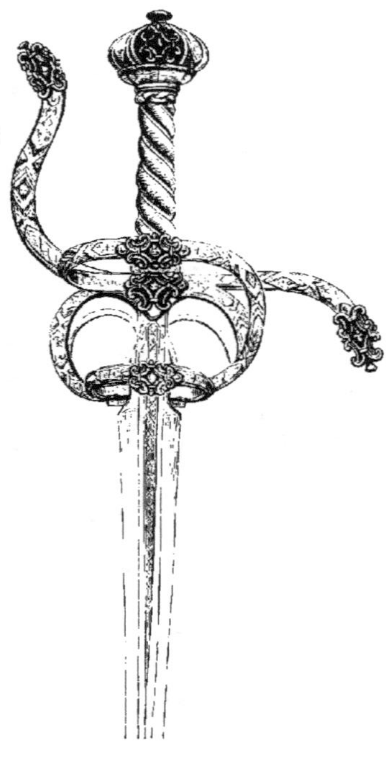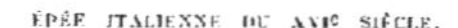

ÉPÉE ITALIENNE DU XVIe SIÈCLE.

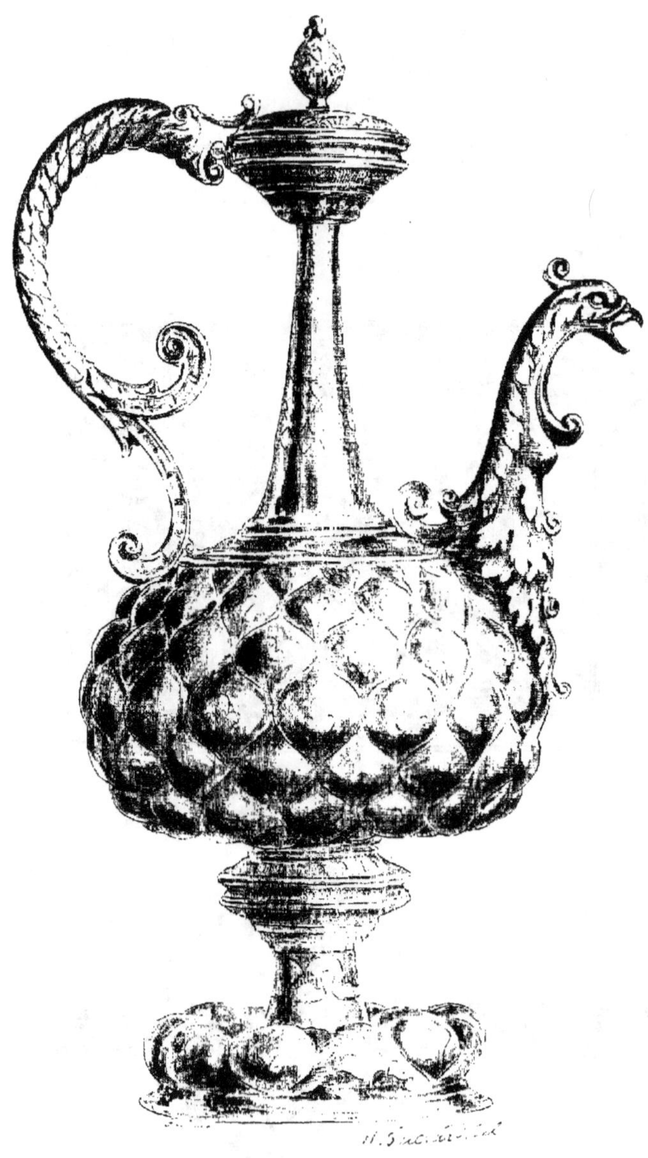

AIGUIÈRE EN ARGENT DORÉ. — XVIᵉ SIÈCLE.

(Collection Zichy.)

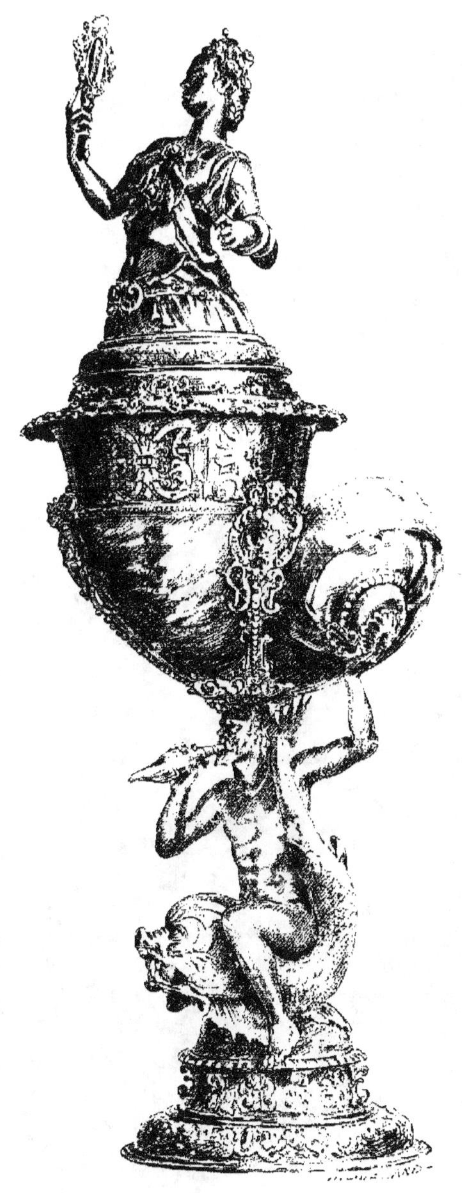

COQUILLE MONTÉE EN ARGENT DORÉ. — XVIᵉ SIÈCLE. (Collection Esterhazy.)

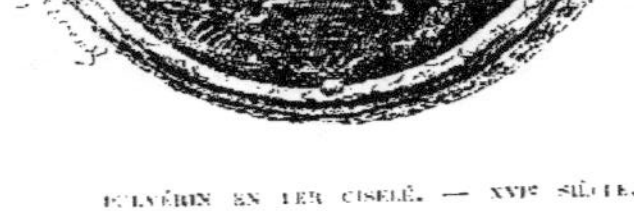
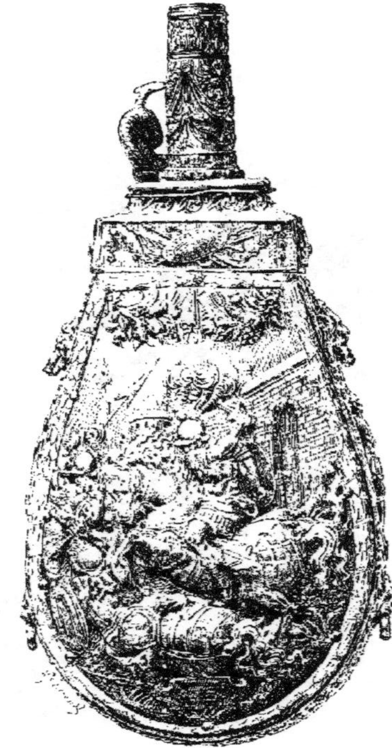

POUDRIÈRE EN FER CISELÉ. — XVIe SIÈCLE.

(Collection Spitzer.)

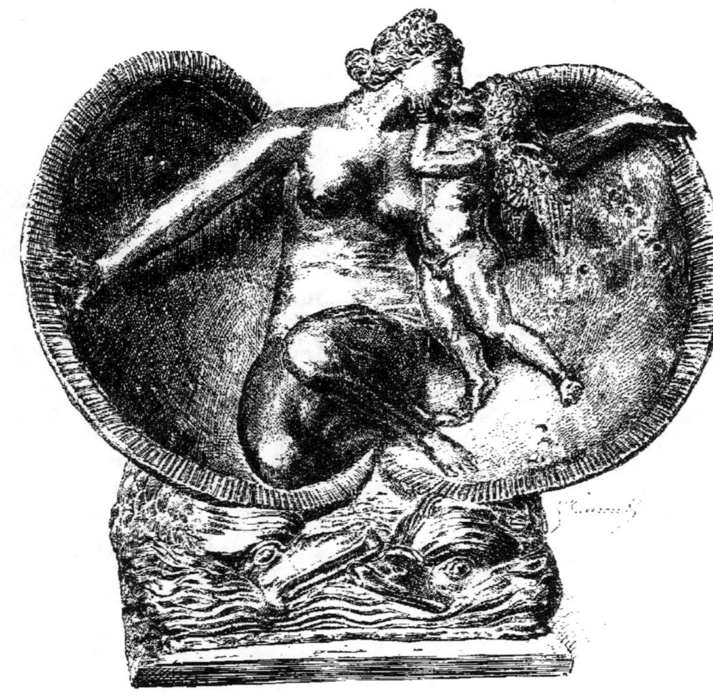

VÉNUS MARINE EN BRONZE

PAR LE NOSTE

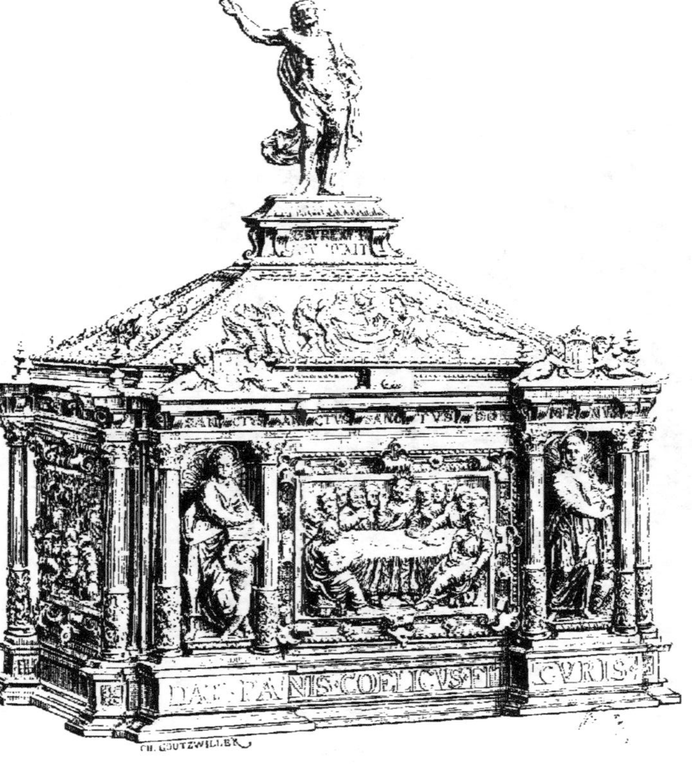

COFFRET ITALIEN EN ARGENT, AUX ARMES DU PORTUGAL. — XVIᵉ SIÈCLE.

(Collection du roi de Portugal.)

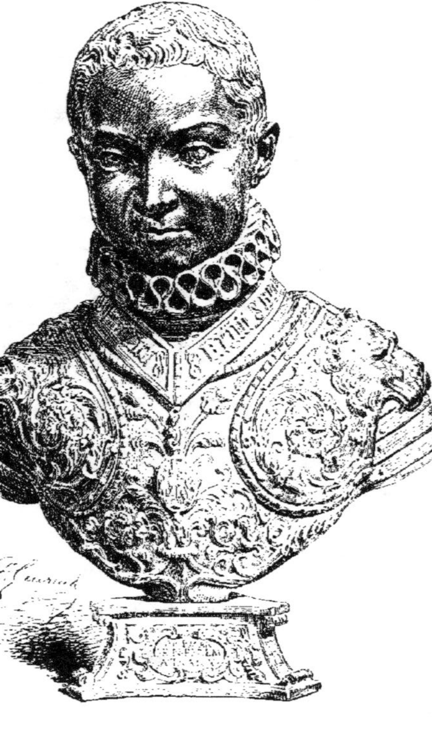

BUSTE EN BRONZE DE CHARLES-EMMANUEL III.

(Collection du roi d'Italie.)

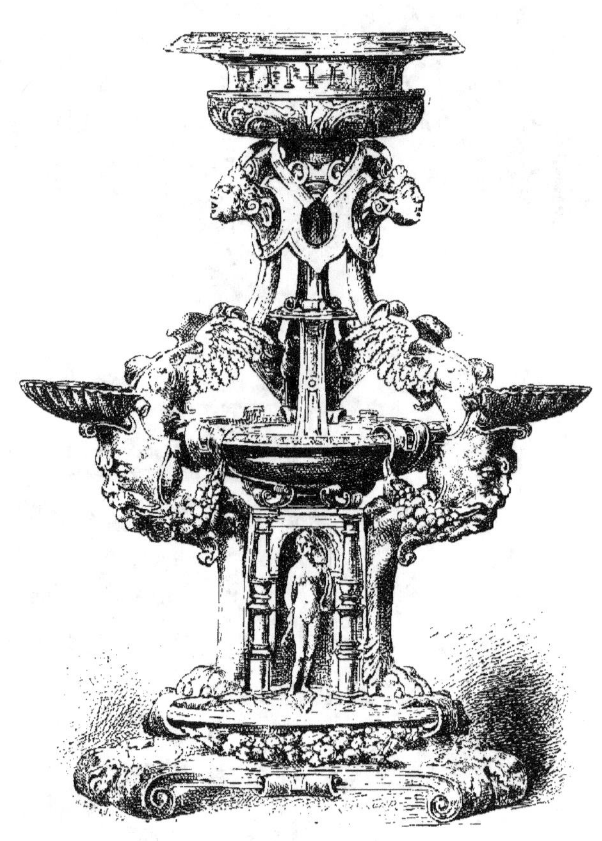

GRANDE SALIÈRE EN VERMEIL, TRAVAIL FRANÇAIS DU XVIe SIÈCLE.
(Collection Spitzer.)

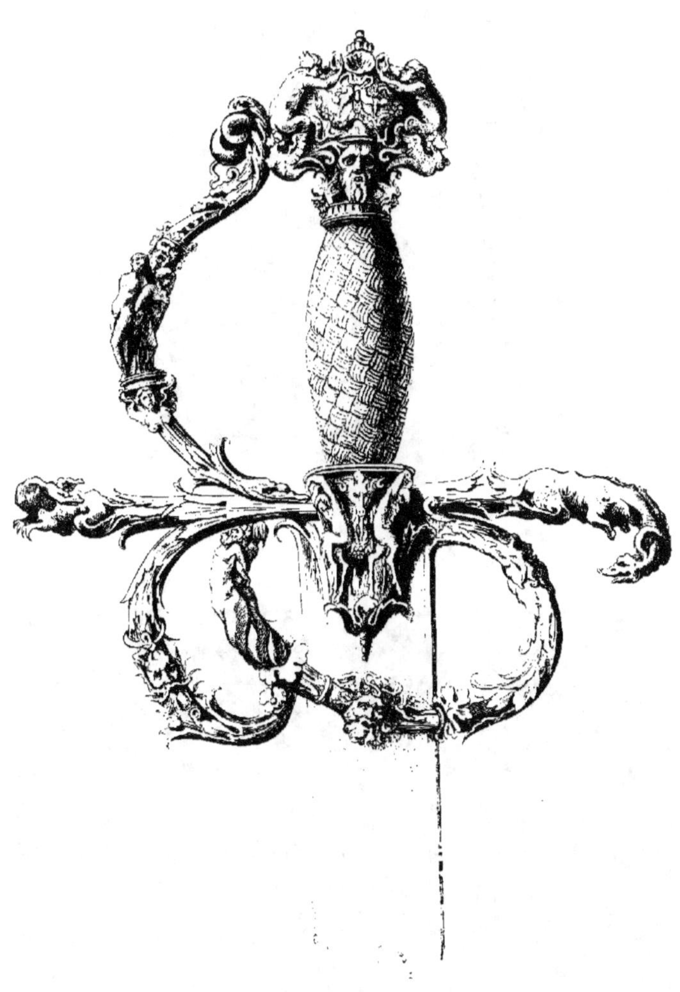

POIGNÉE D'ÉPÉE, D'APRÈS UN DESSIN DE POLIDORE DE CARAVAGE.

(Musée du Louvre.)

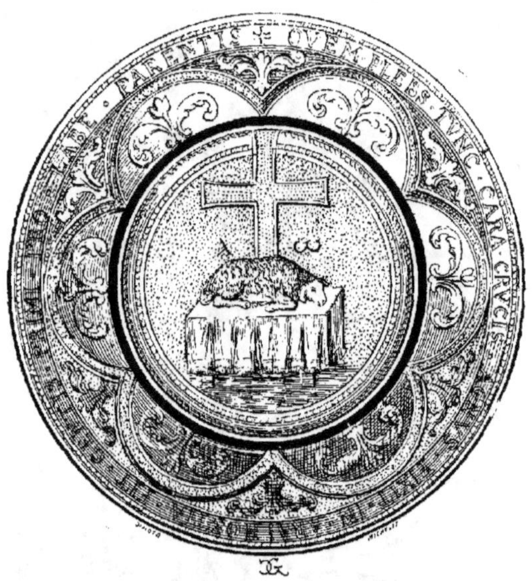

PATÈNE EN OR GRAVÉ. — XVIe SIÈCLE.

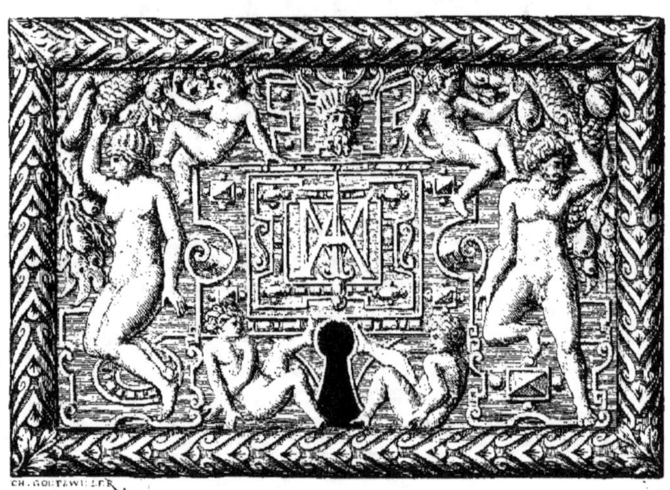

SERRURE AU CHIFFRE DU CONNÉTABLE DE MONTMORENCY.

(Musée de Cluny.)

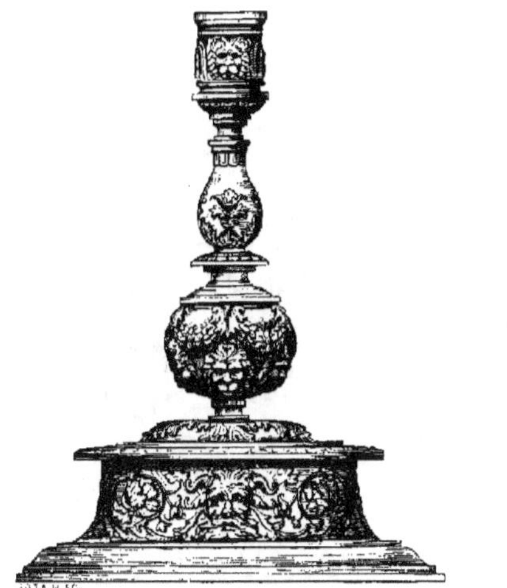

CHANDELIER EN BRONZE DU XVIᵉ SIÈCLE.

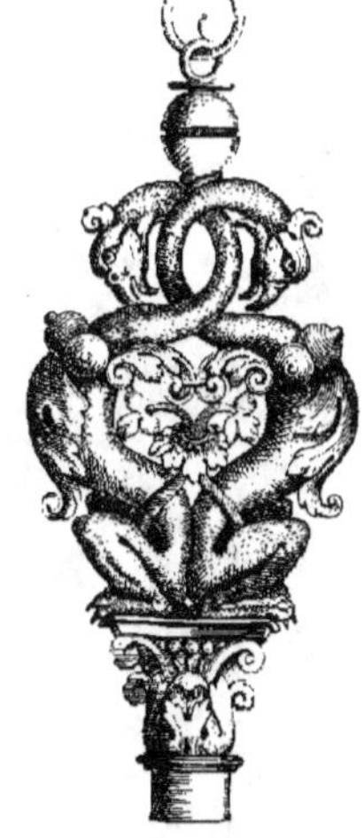

CLEF D'ANTOINE JACQUART.

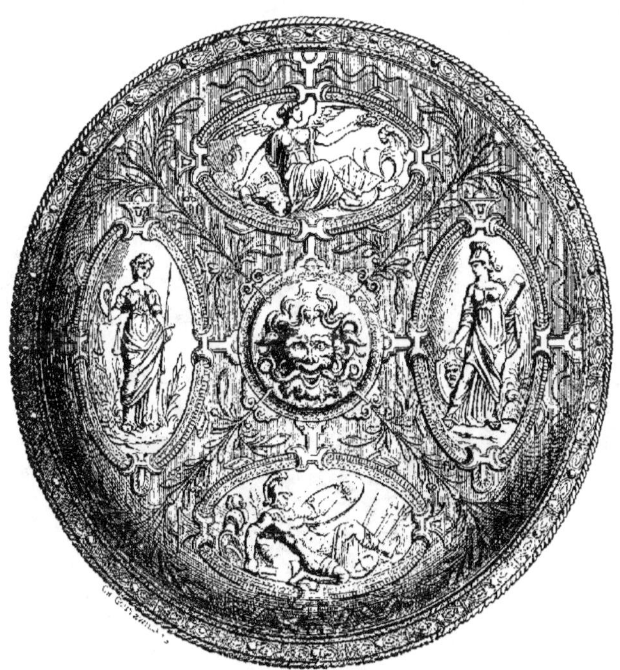

BOUCLIER DU TEMPS DE HENRI II.

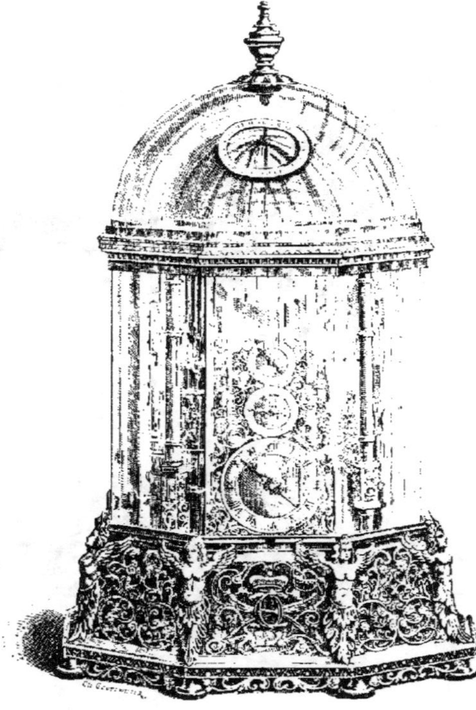

HORLOGE DE TABLE.

(Travail français du XVI siècle.)

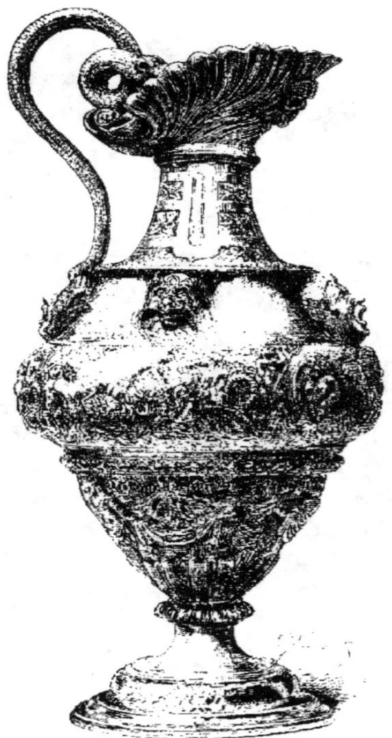

AIGUIÈRE COMPOSÉE SUR UN DESSIN D'ENÉAS VICO.

(Collection Stein.)

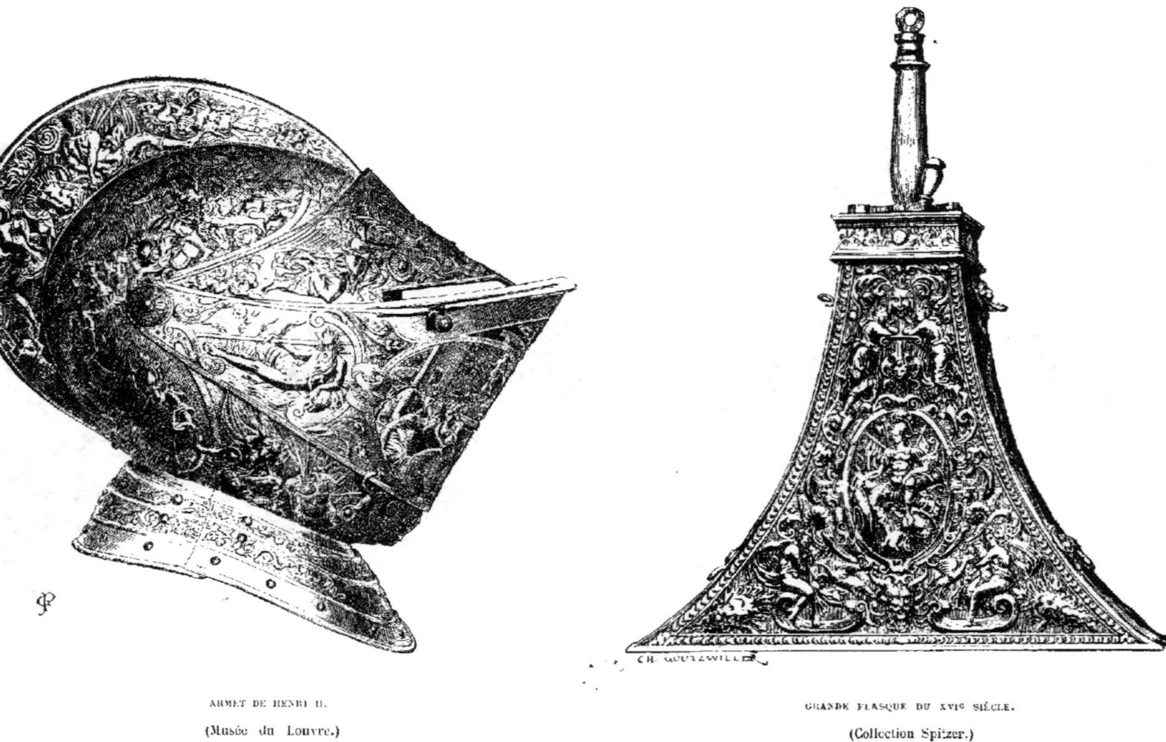

ARMET DE HENRI II.

(Musée du Louvre.)

GRANDE FLASQUE DU XVIᵉ SIÈCLE.

(Collection Spitzer.)

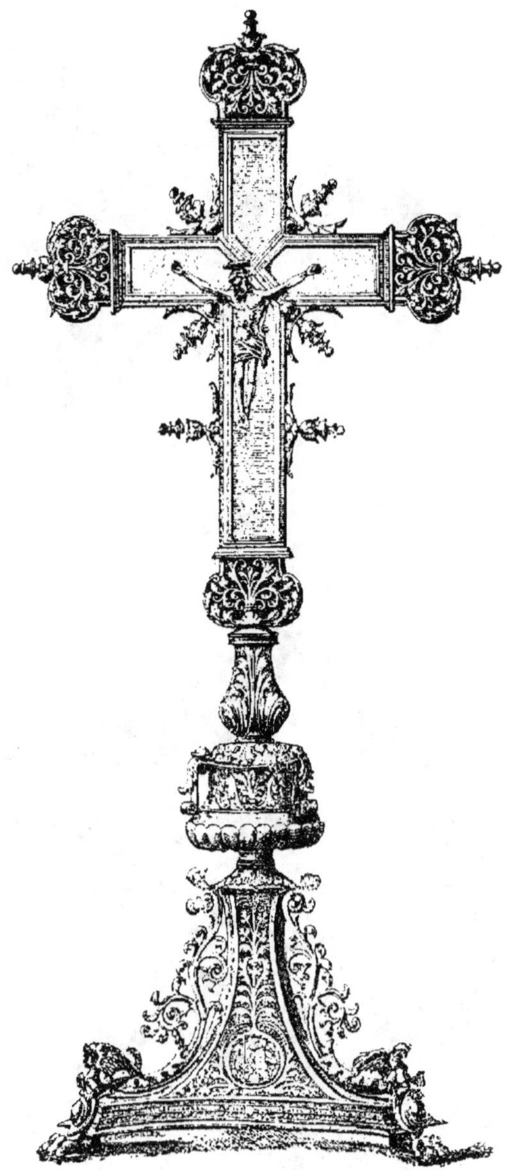

CROIX EN CRISTAL DE ROCHE, MONTÉE EN ARGENT DORÉ, DU XVIᵉ SIÈCLE.

(Collection Poldi-Pezzoli.)

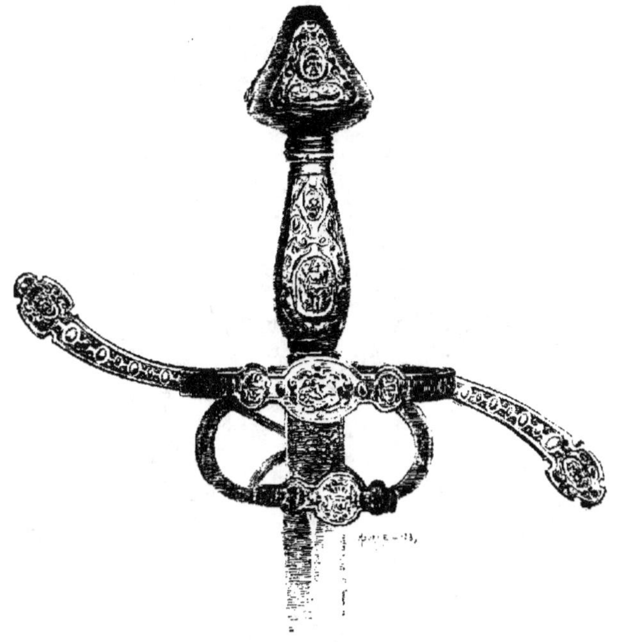

ÉPÉE A MONTURE DE FER DORÉ. — XVI° SIÈCLE.

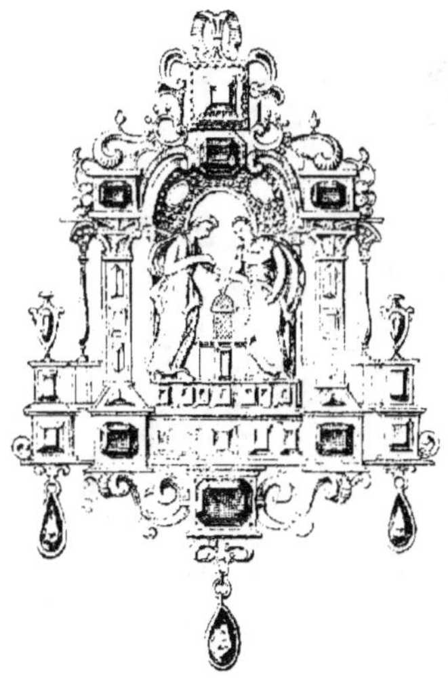

PENDANT EN OR ÉMAILLÉ. — XVI° SIÈCLE.

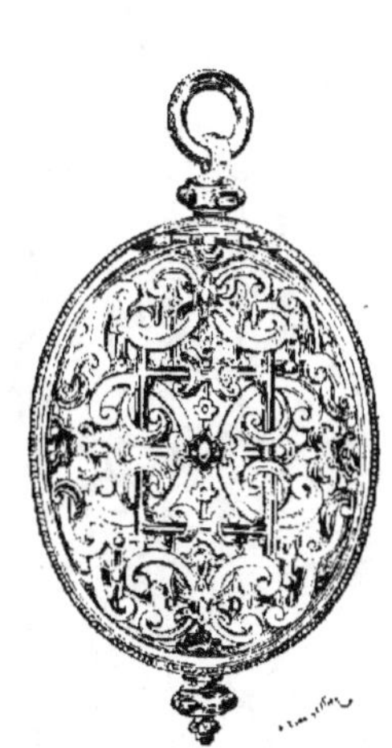

MONTRE EN OR ÉMAILLÉ. — XVI° SIÈCLE.

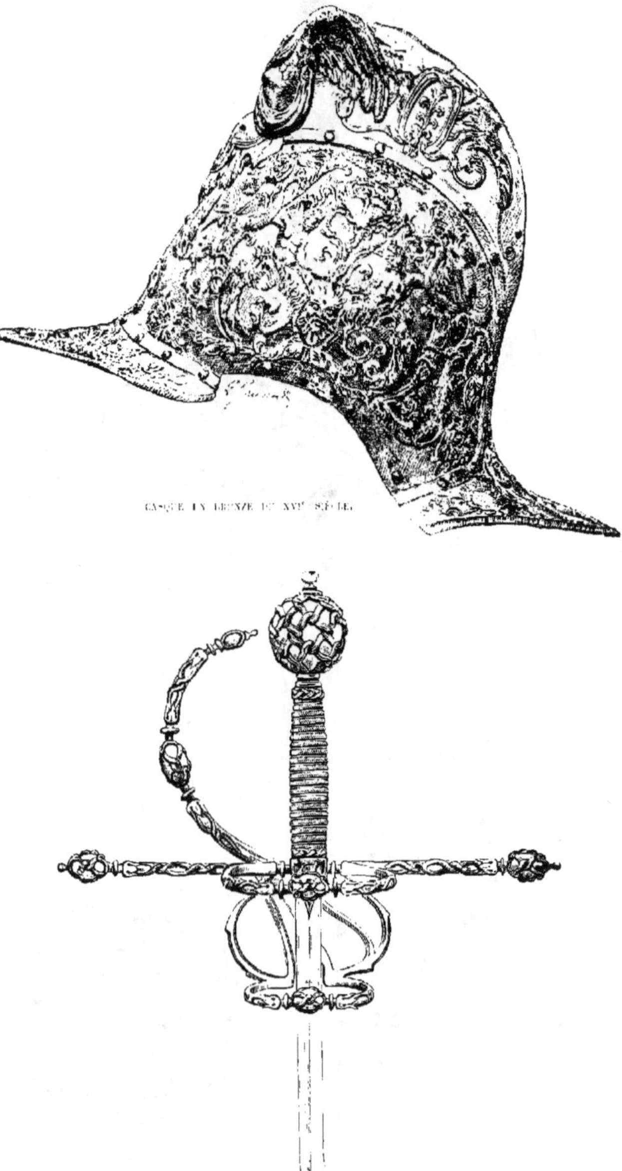

CASQUE EN BRONZE DU XVIᵉ SIÈCLE.

POIGNÉE D'ÉPÉE DU XVIᵉ SIÈCLE.

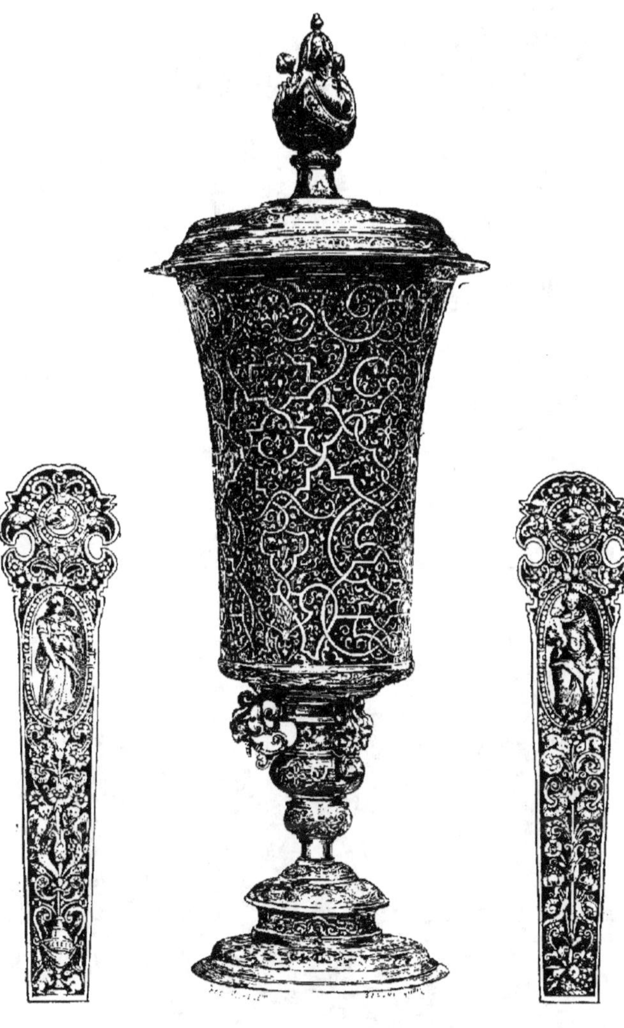

COUTEAU PAR ÉTIENNE
DE LAULNE.

GOBELET EN ARGENT NIELLÉ,
TRAVAIL ALLEMAND DU XVI⁰ SIÈCLE,

(Collection Spitzer.)

COUTEAU PAR ÉTIENNE
DE LAULNE.

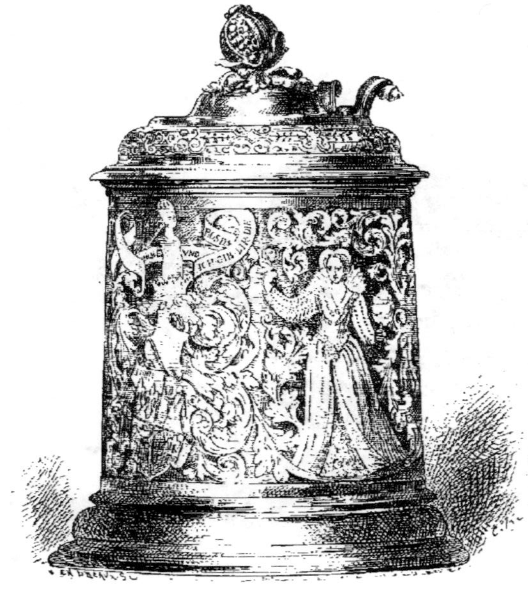

CANETTE GRAVÉE EN CREUX. — FIN DU XVIe SIÈCLE.

(Collection Spitzer.)

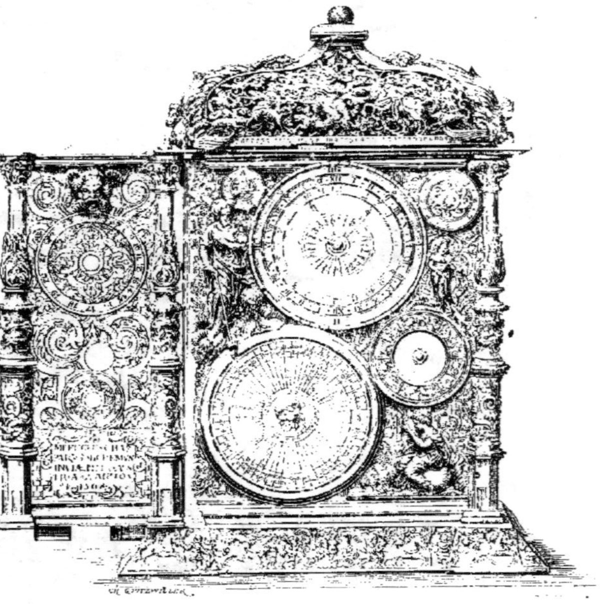

HORLOGE ALLEMANDE (1598).

(Collection Stein.)

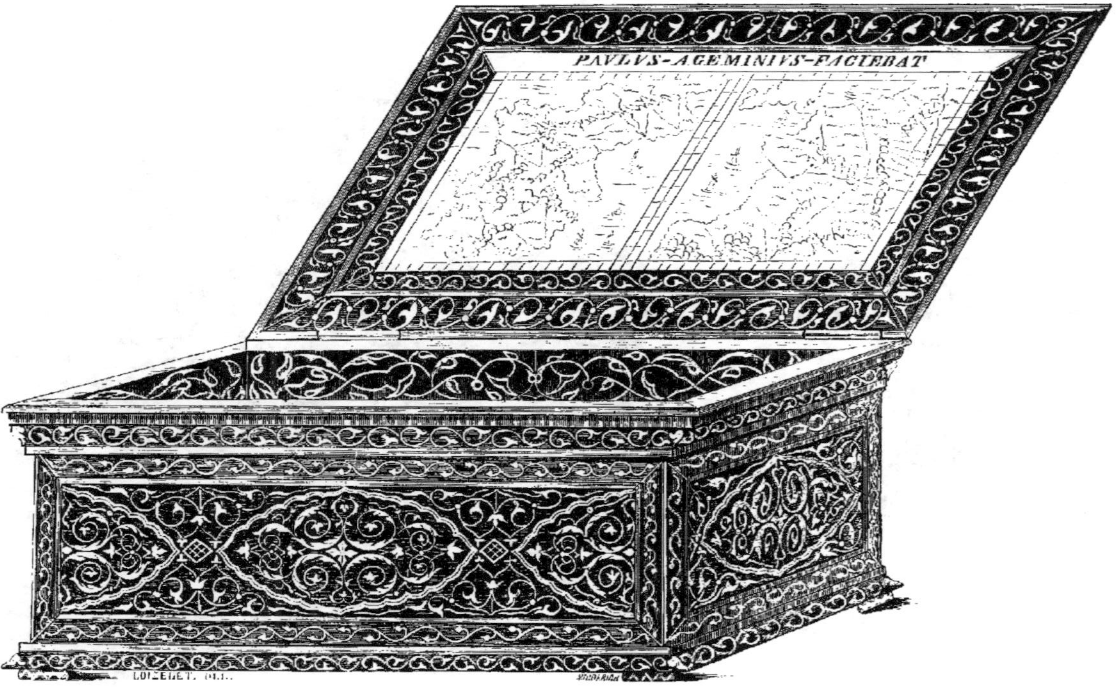

CASSETTE DAMASQUINÉE, PAR PAOLO RIZZO, TRAVAIL ITALIEN. — XVIe SIÈCLE.

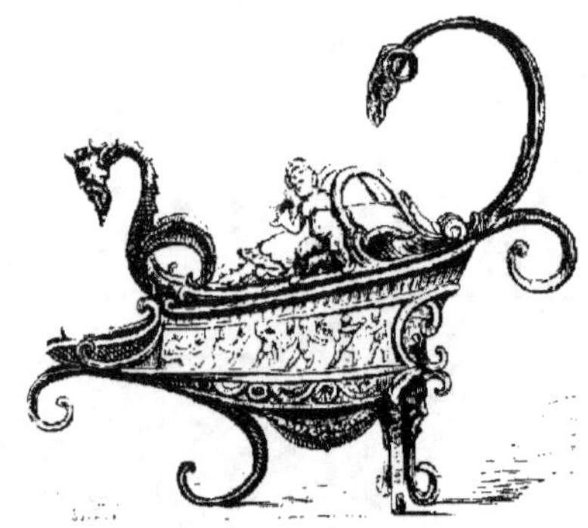

SEAU ESTAMPÉ EN BRONZE, PAR DONATELLO.

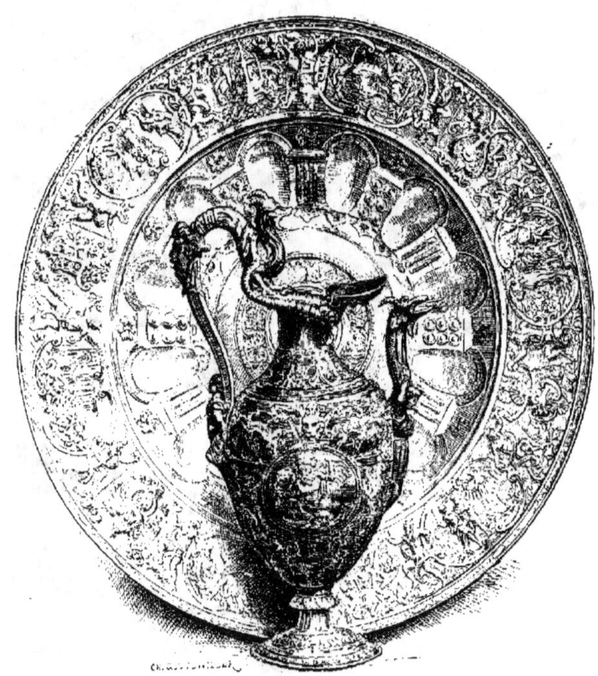

AIGUIÈRE AVEC SON BASSIN EN ARGENT DORÉ. — XVIe SIÈCLE.

(Appartenant à Mme la comtesse d'Aspremont Lynden.)

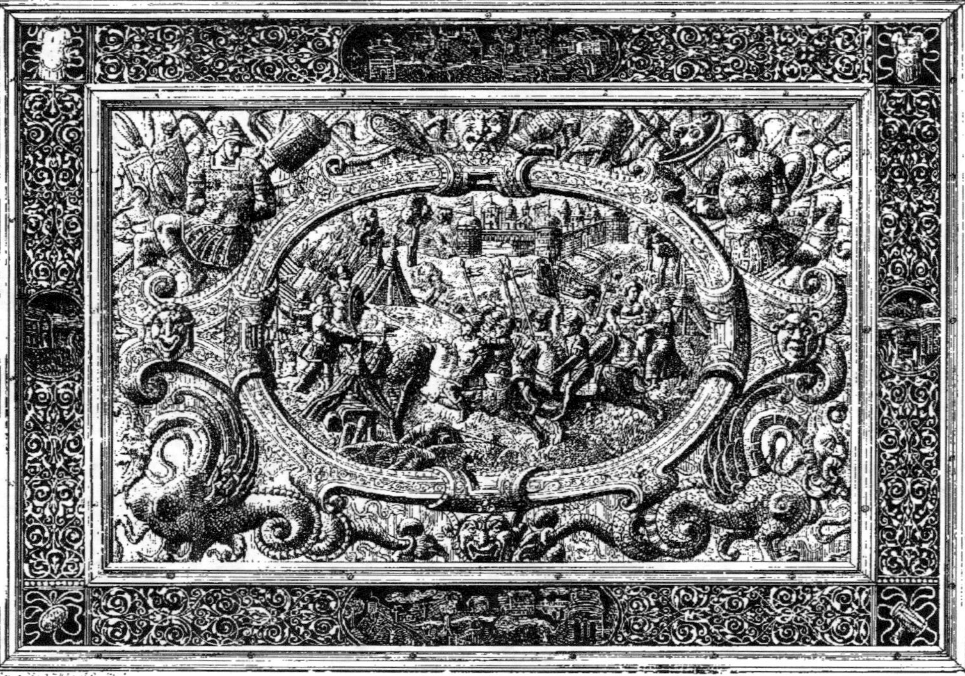

PLAQUE DE COFFRE EN FER REPOUSSÉ, CISELÉ ET DAMASQUINÉ. — XVIe SIÈCLE.

(Collection de M. Odiot.)

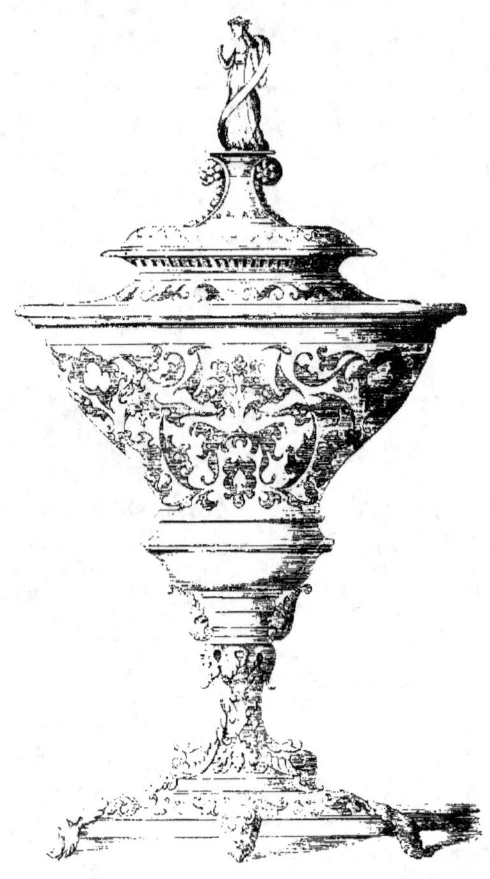

COUPE DESSINÉE PAR HOLBEIN.

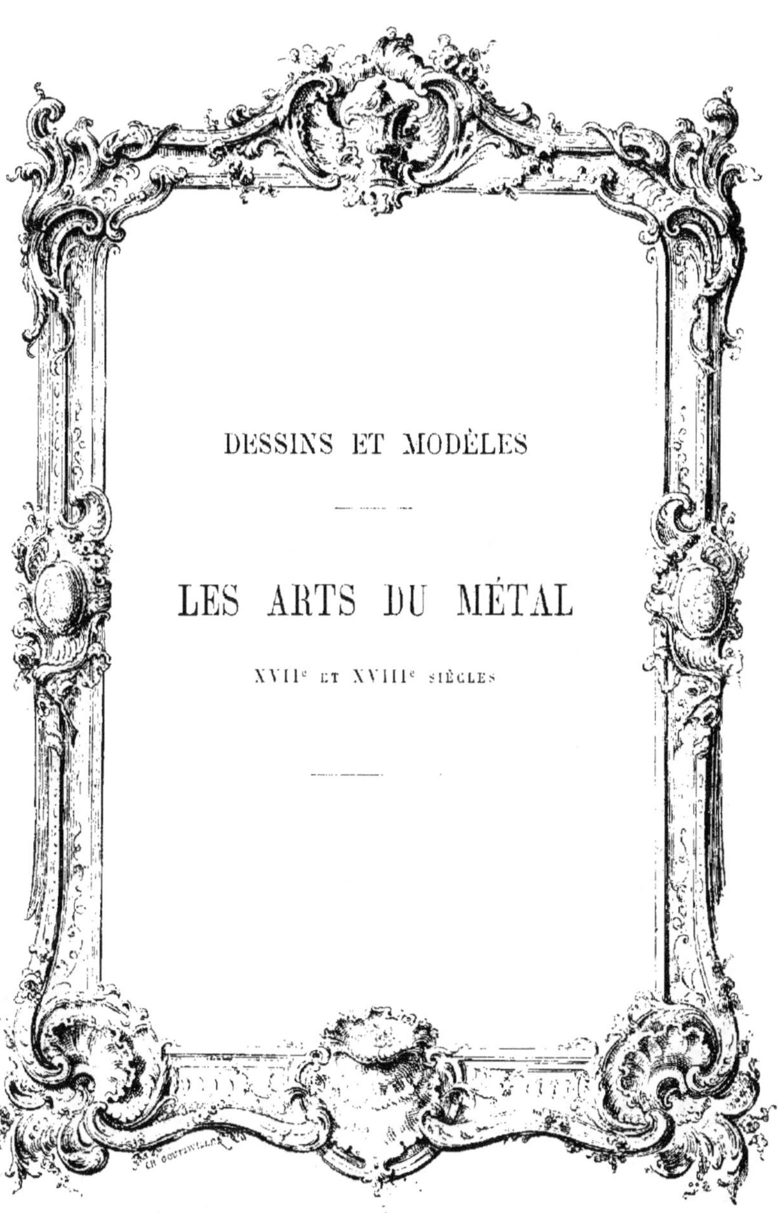

DESSINS ET MODÈLES

LES ARTS DU MÉTAL

XVIIe et XVIIIe siècles

CADRE DE MIROIR. — XVIIIe SIÈCLE.

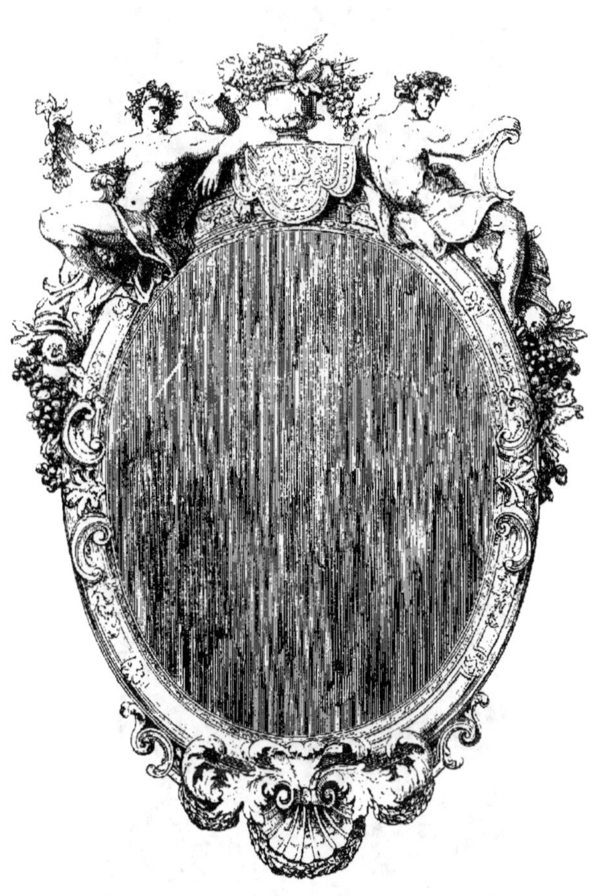

CADRE DE MIROIR.

(D'après le recueil de Daniel Marot.)

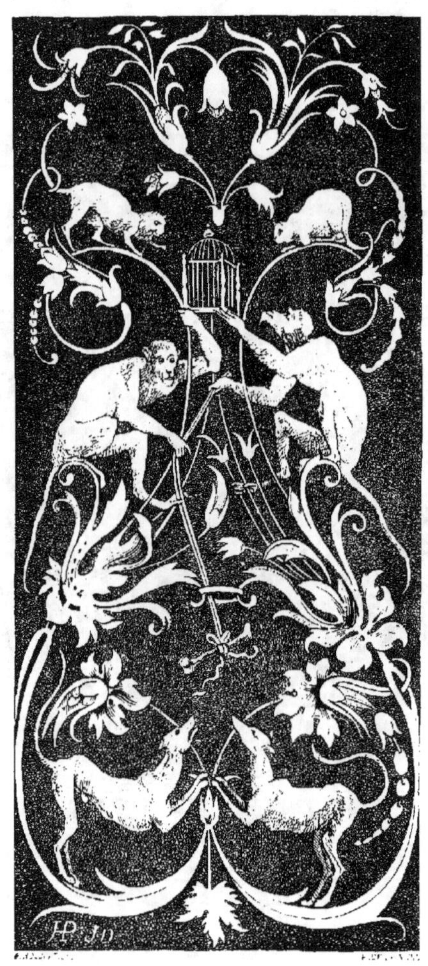

PLAQUE DAMASQUINÉE. — XVIIᵉ SIÈCLE.

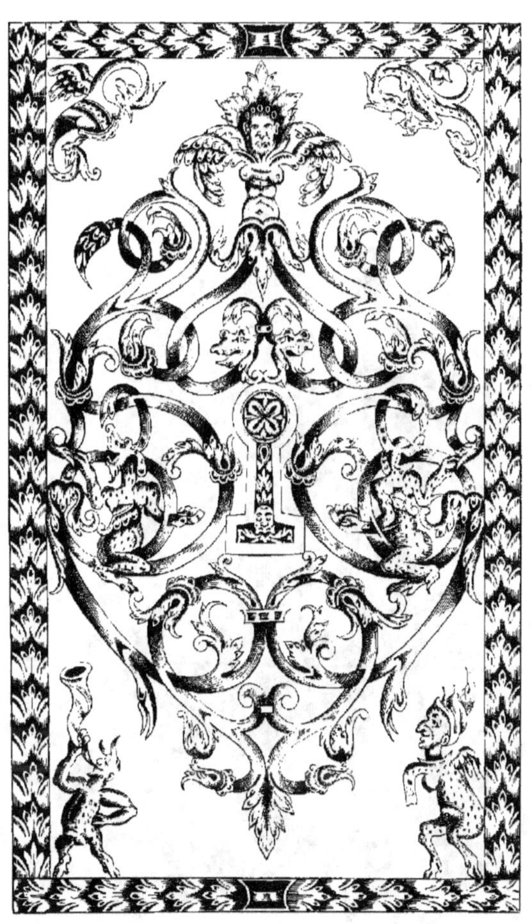

ENTRÉE DE SERRURE.

(Commencement du XVIIe siècle.)

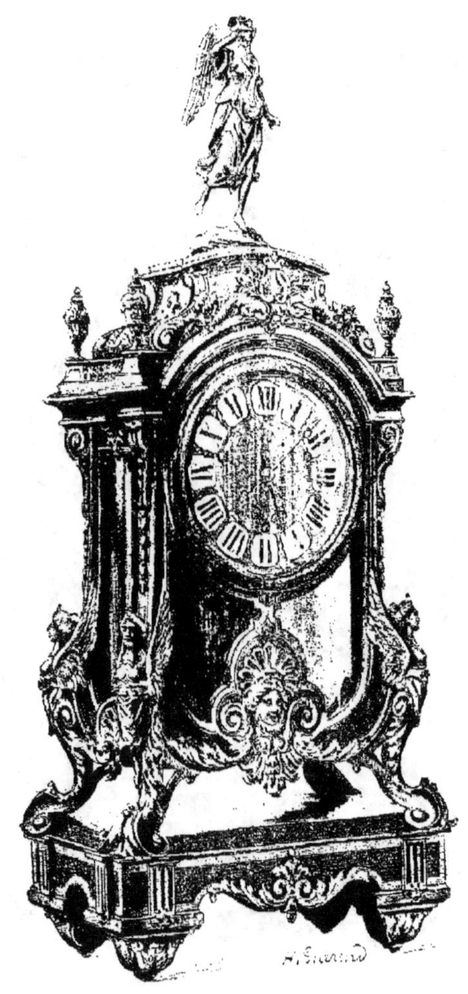

PENDULE LOUIS XIV.

(Collection Stein.)

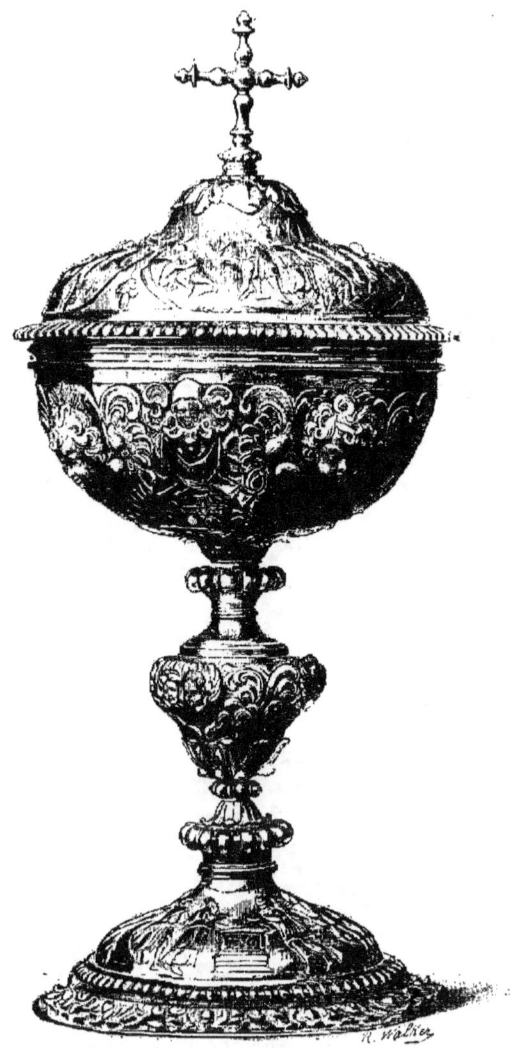

CIBOIRE DE STYLE LOUIS XIV, EN ARGENT CISELÉ.

(Cathédrale de Tours.)

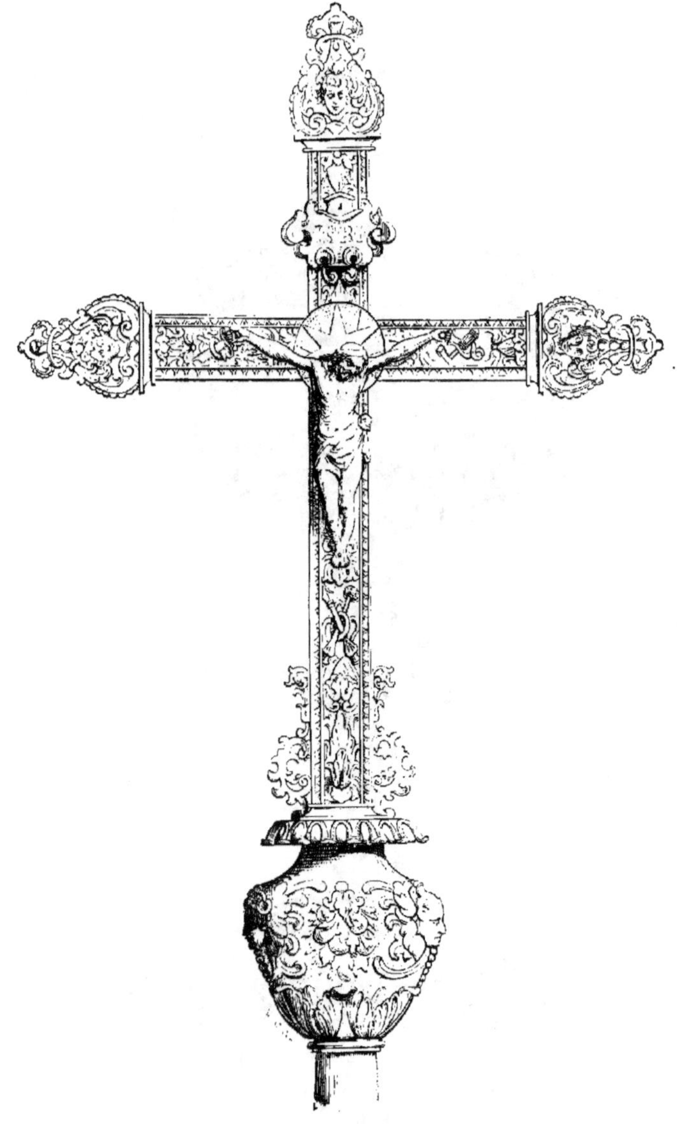

LA CROIX D'ANNEVILLE. — XVIe SIÈCLE.

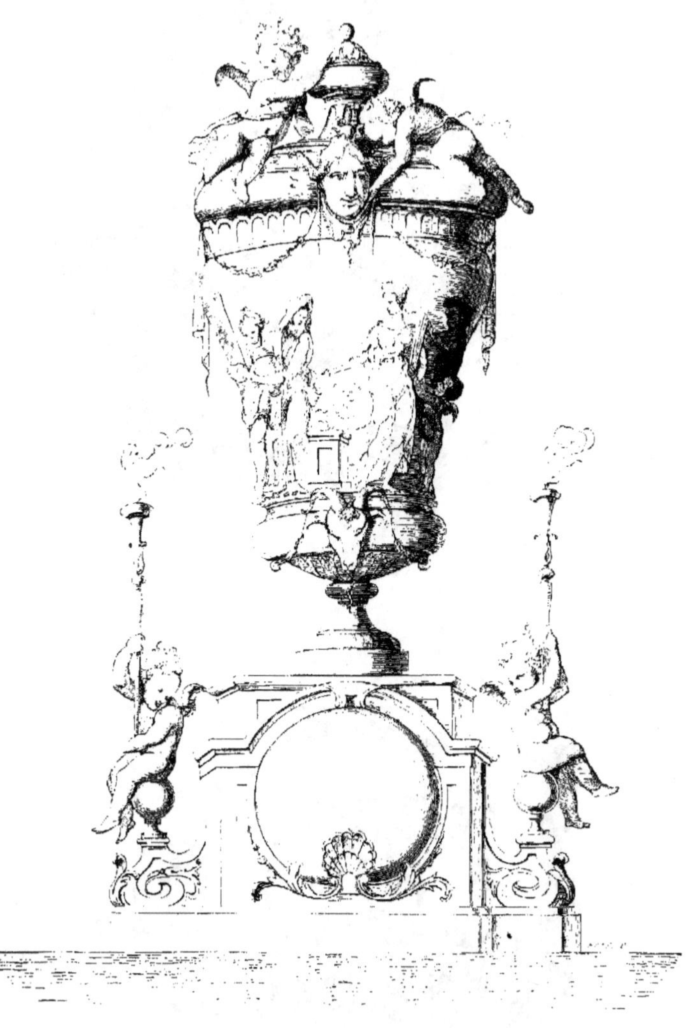

DESSIN DE J. BERNARD TORO.

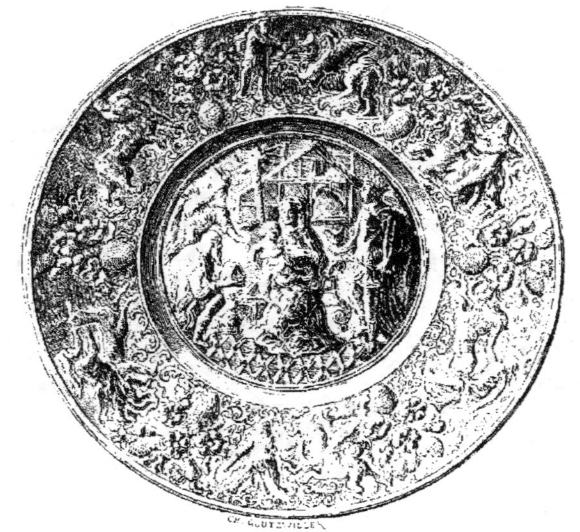

BASSIN EN CUIVRE REPOUSSÉ. — XVII° SIÈCLE.

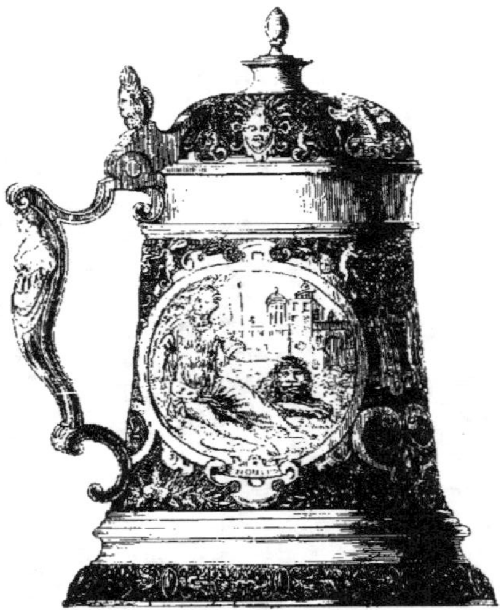

POT EN ÉTAIN, PAR ENDERLEIN

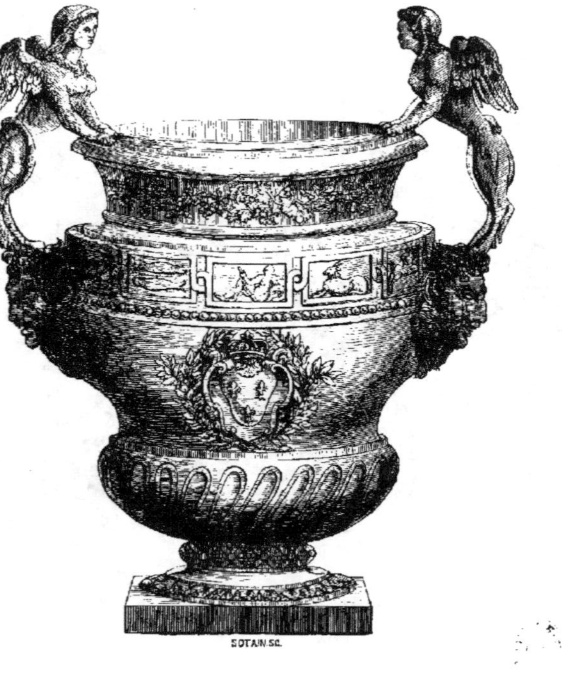

VASE DE CLAUDE BALLIN, A VERSAILLES.

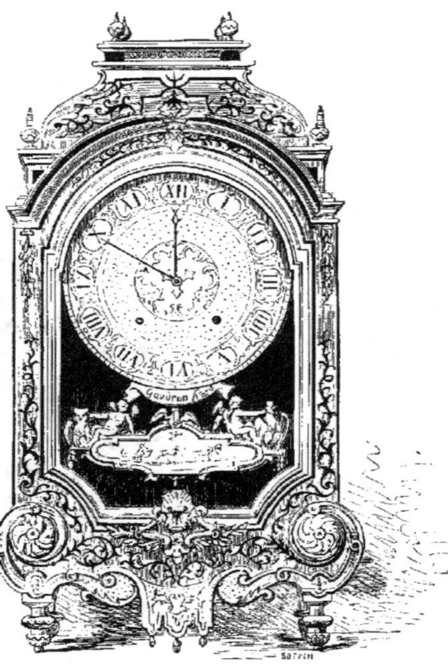

PENDULE DE GAUDRON

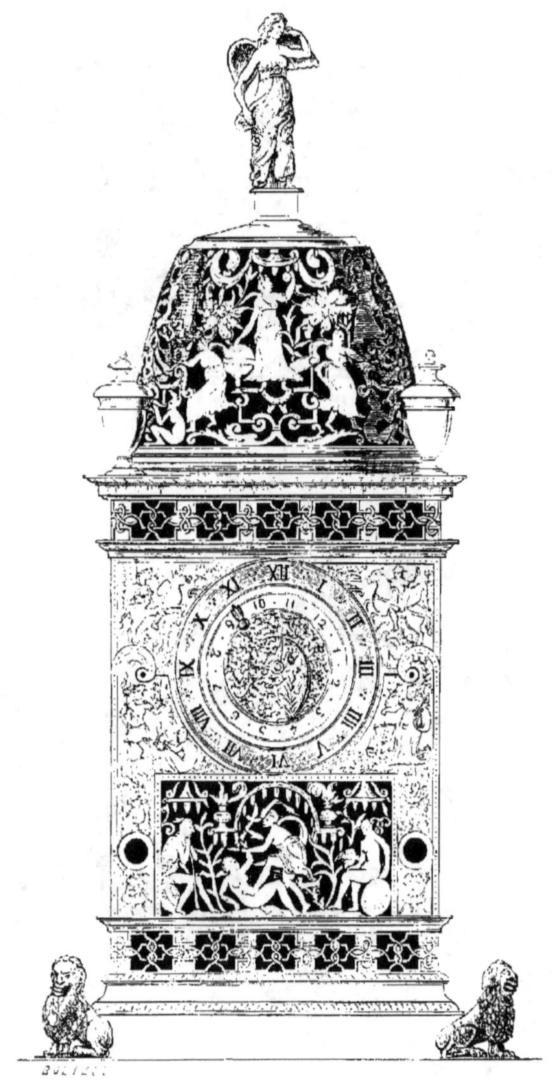

HORLOGE DE GASTON, DUC D'ORLÉANS.
(Collection Dusuit.)

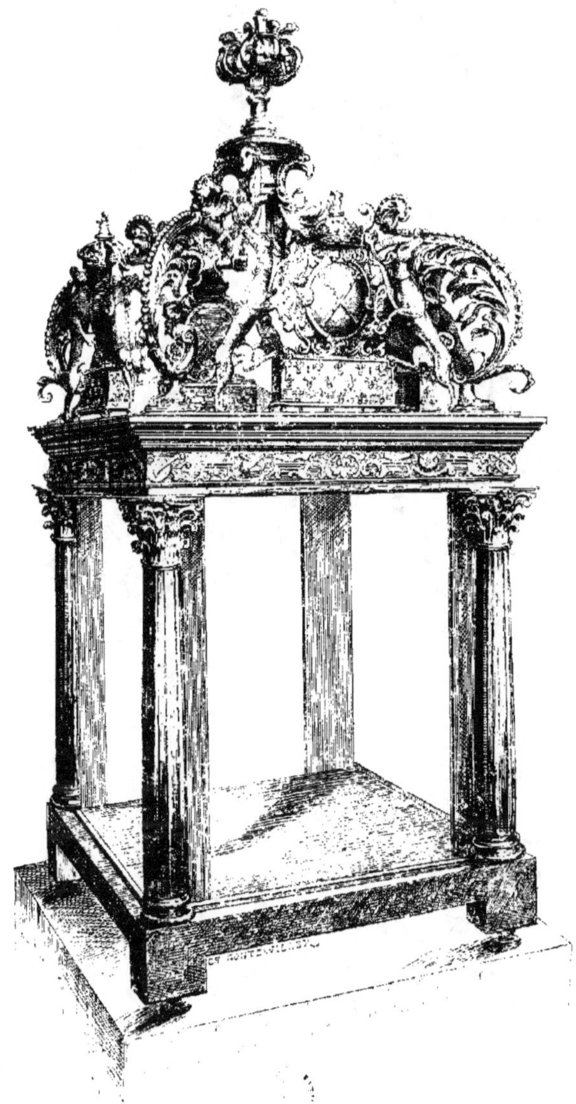

LANTERNE EN FER FORGÉ. — XVIe SIÈCLE.
(Coll. Alb. Goupil.)

ORNEMENT DANS LE GOUT DES PIÈCES D'ORFÈVRERIE
DE BOURGET. — XVIIe SIÈCLE.

SUSPENSION EN CUIVRE REPOUSSÉ.
(XVIIIe SIÈCLE.)

FLEURS,
MODÈLE DE LEGARDE.

MODÈLE DE BALCON. — XVIIIᵉ SIÈCLE.

(Collection de M. Eudel.)

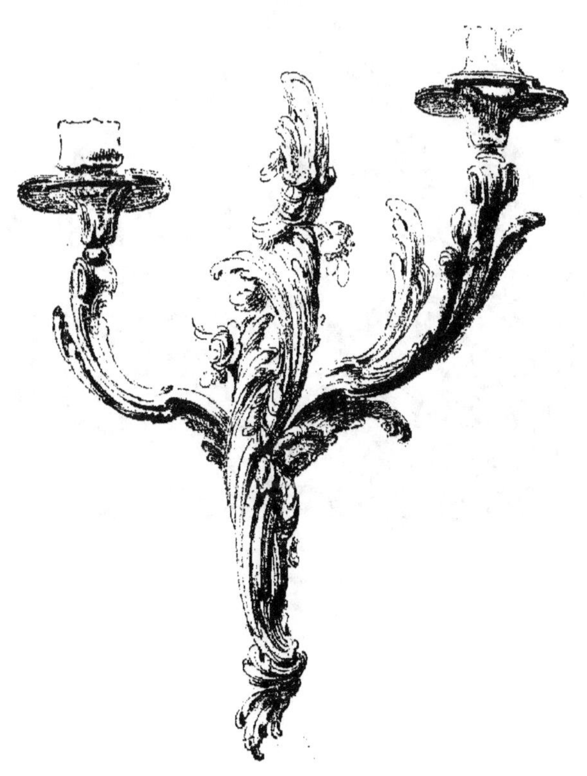

APPLIQUE ROCAILLE, DESSIN DE MEISSONNIER.

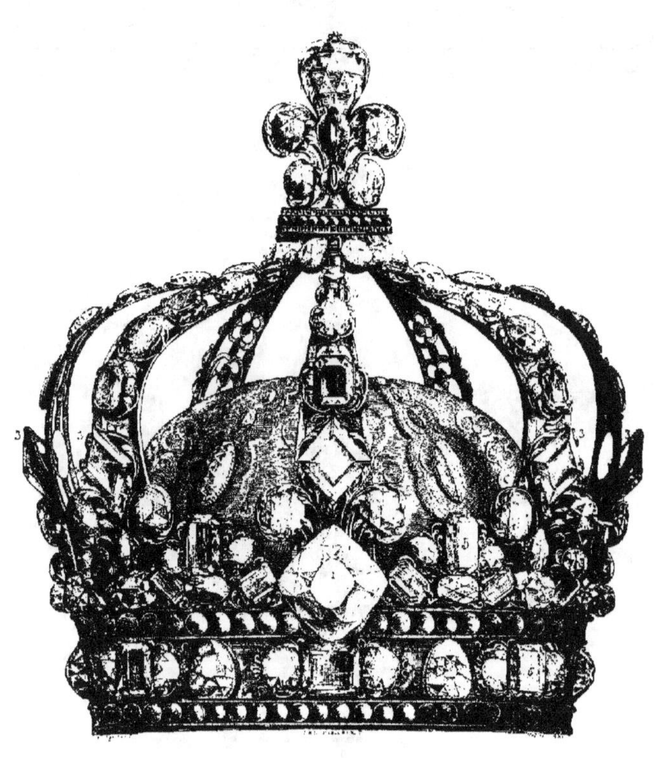

LA COURONNE DE LOUIS XV, EXÉCUTÉE PAR RONDÉ ET DUFLOS, AVEC LE « RÉGENT » AU MILIEU

ET LE « SANCY » AU SOMMET.

(Musée du Louvre.)

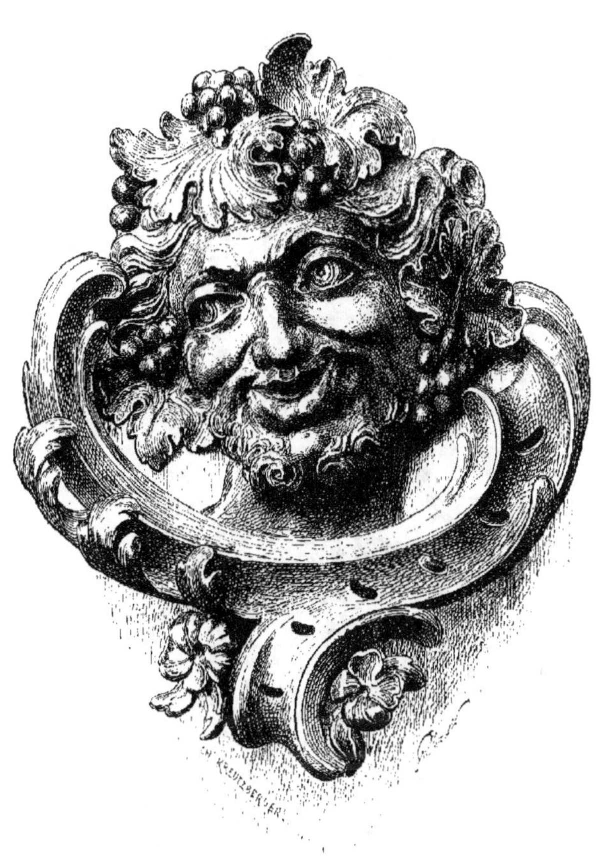

MASQUE DE SATYRE EN FER. — TRAVAIL FRANÇAIS DU XVIIe SIÈCLE.

(Collection de M. Le Secq des Tournelles.)

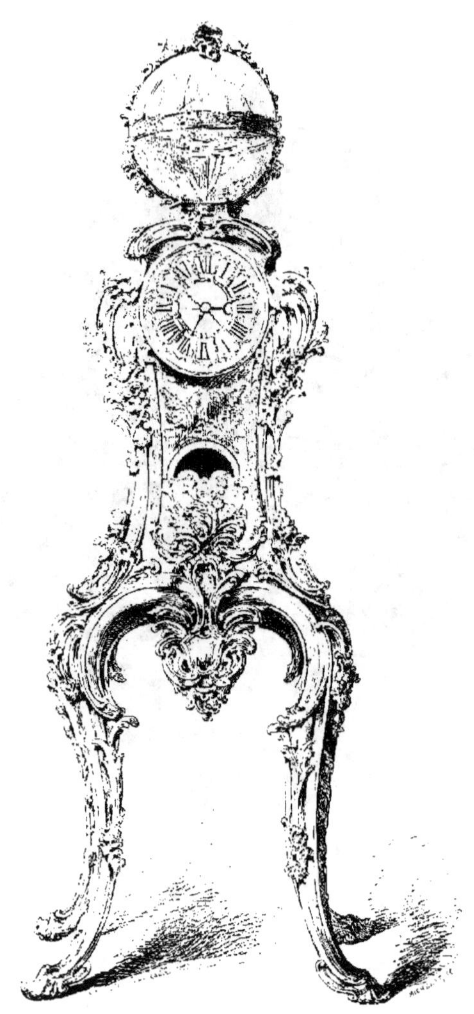

HORLOGE À PIEDS, EN BRONZE DORÉ, PAR PHILIPPE CAFFIERI. — XVIIIᵉ SIÈCLE.

(Palais de Versailles.)

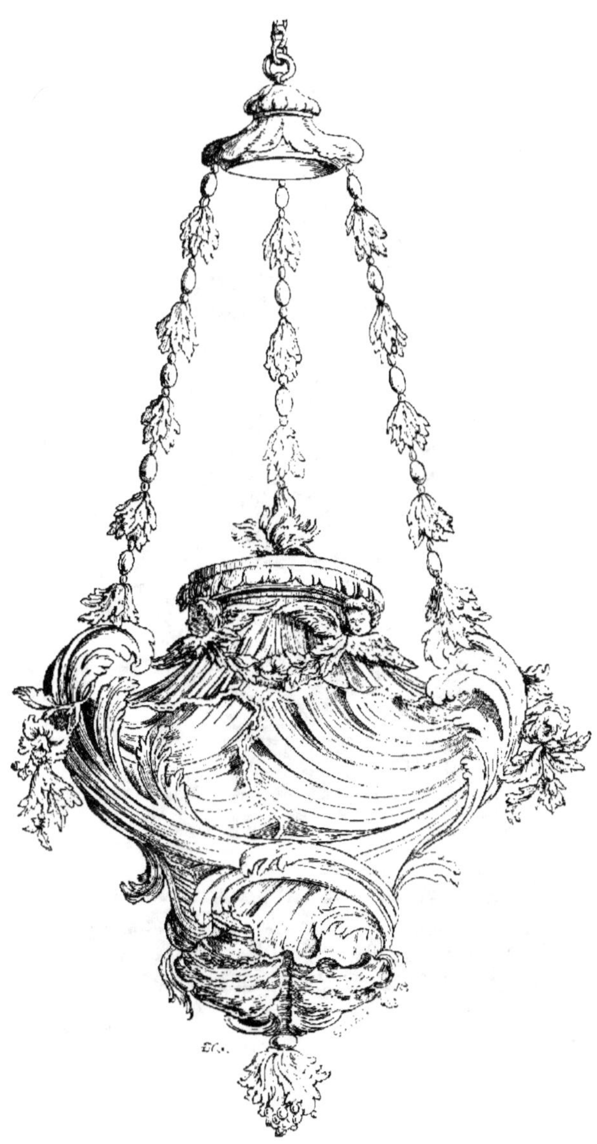

LAMPE D'ÉGLISE, PAR THOMAS GERMAIN.

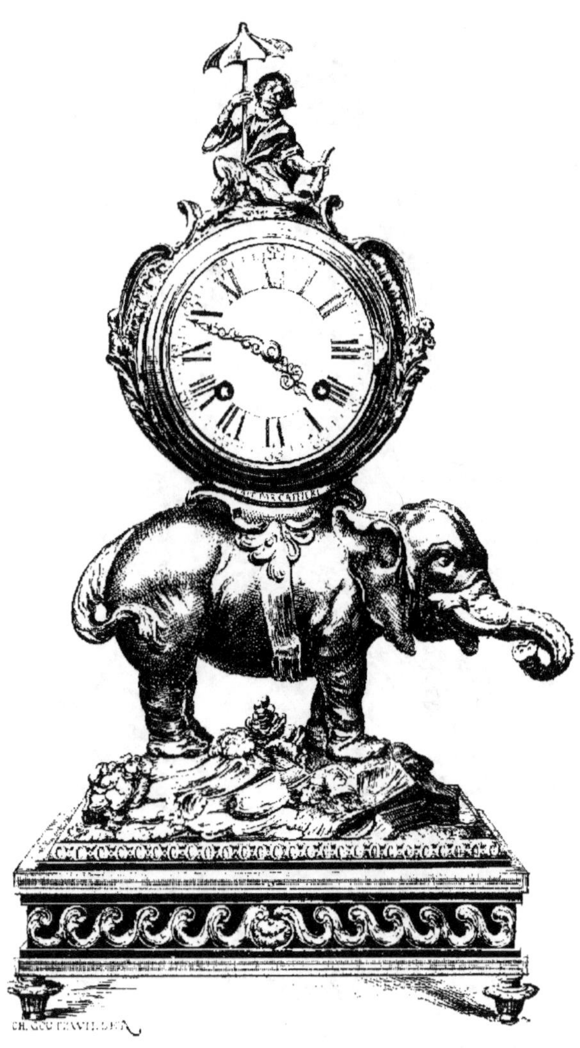

PENDULE DE BRONZE, PAR CAFFIERI.

(South-Kensington Museum.)

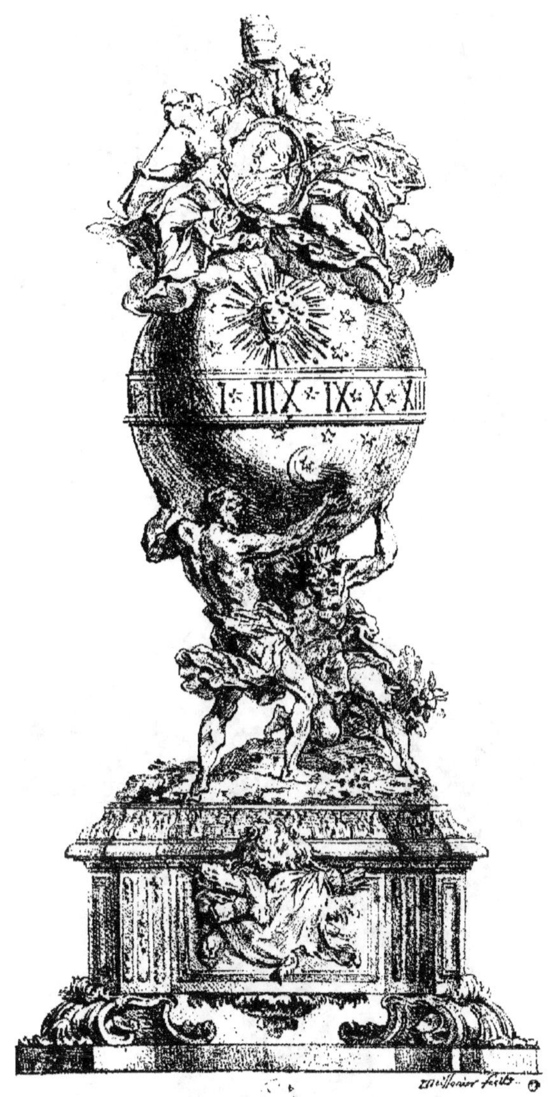

PROJET DE PENDULE. DESSIN DE MEISSONNIER.

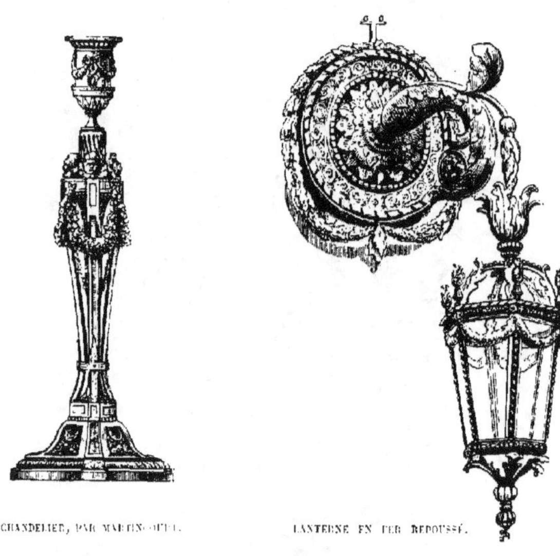

CHANDELIER, PAR MARTIN-OTEL.

LANTERNE EN FER REPOUSSÉ.

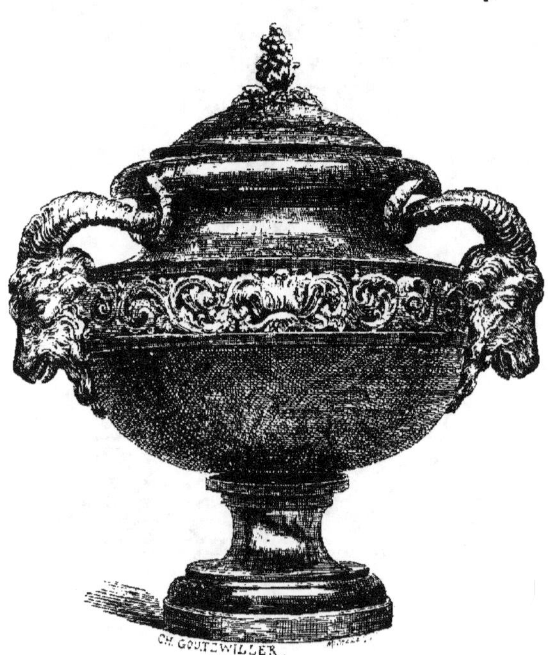

VASE EN SERPENTINE AVEC MONTURE EN CUIVRE CISELÉ ET DORÉ, PAR GOUTHIÈRE.

(Époque Louis XVI. — Mobilier national.)

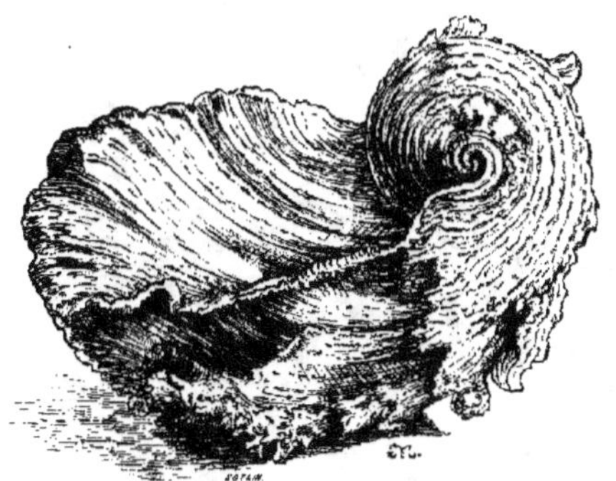

SALIÈRE D'ARGENT, PAR MEISSONNIER.

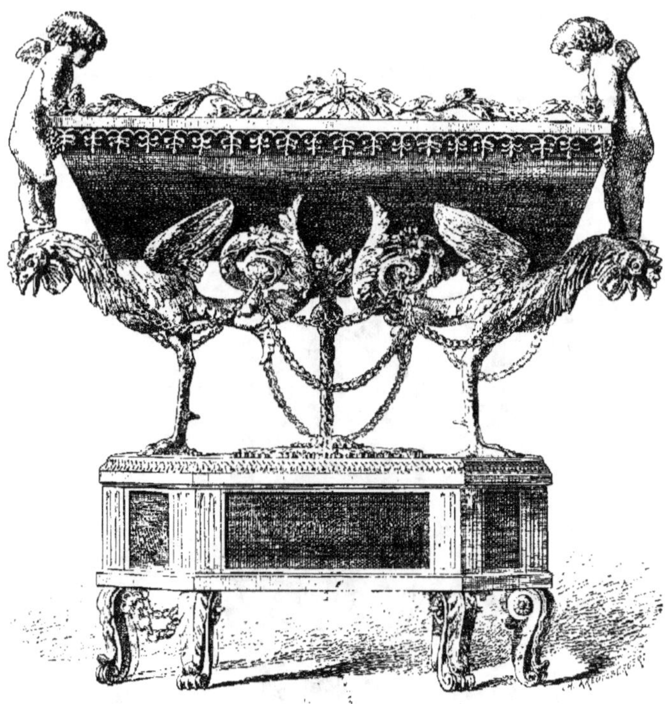

VASE EN JASPE VERT, MONTÉ EN BRONZE DORÉ.

(Collection de Marie-Antoinette. — Musée du Louvre.)

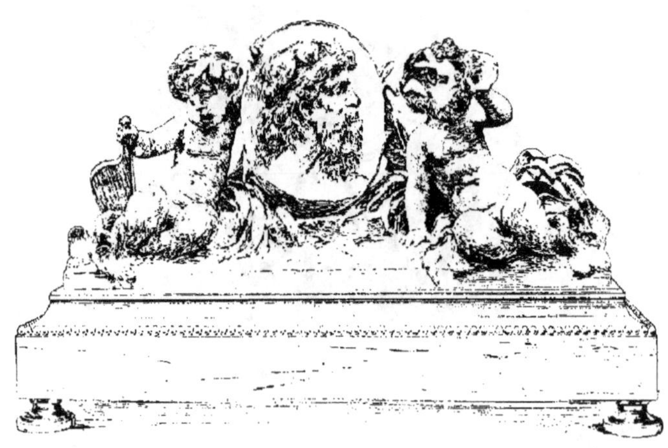

MODÈLE DE CHENET, PAR CLODION.

(Collection de M. Josse.)

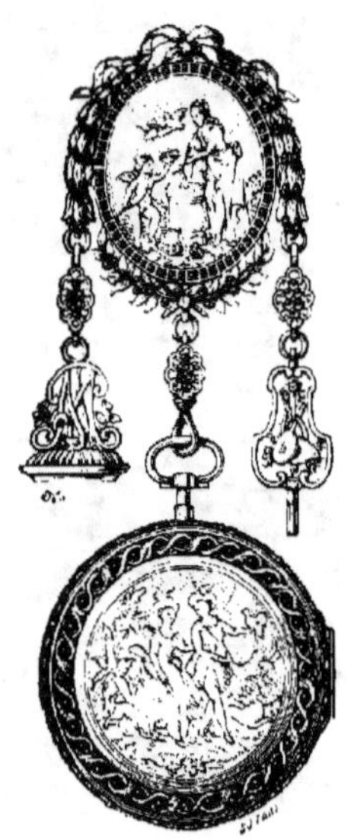

MONTRE LOUIS XVI.

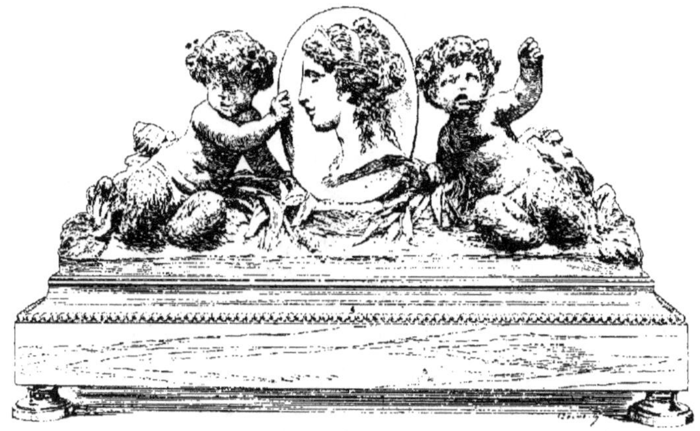

MODÈLE DE CHENET, PAR CLODION.

(Collection de M. Josse.)

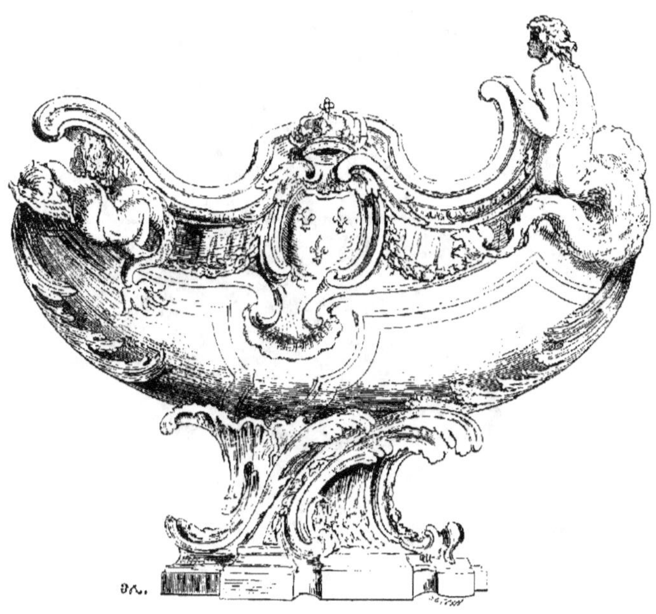

LA NEF DE LOUIS XV, PAR MEISSONNIER.

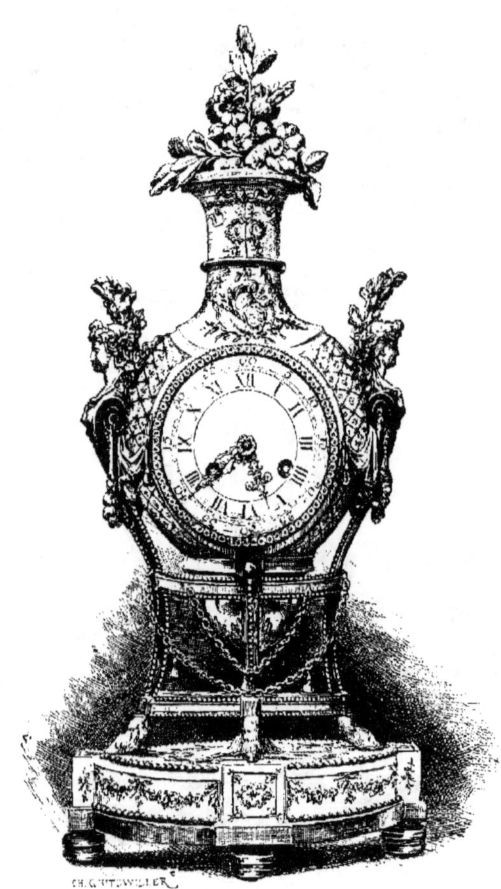

PENDULE EN PORCELAINE DE SÈVRES AVEC MONTURE EN CUIVRE CISELÉ.

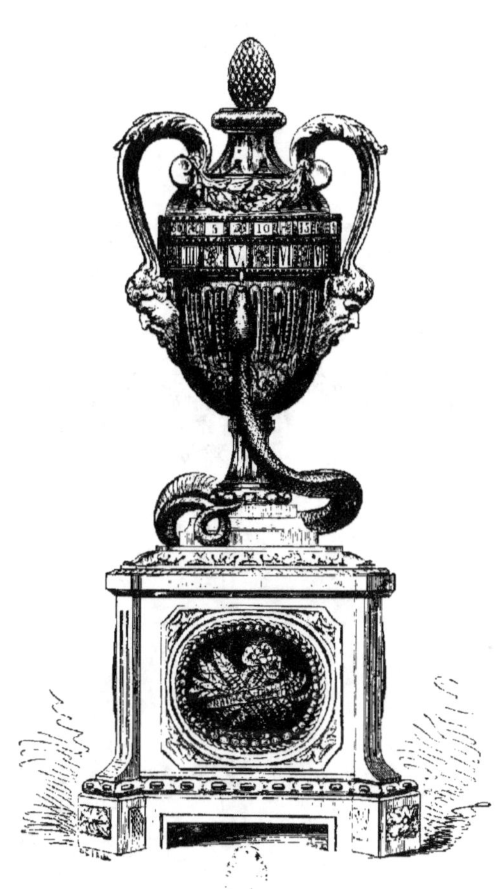

PENDULE DE MARIE-ANTOINETTE.

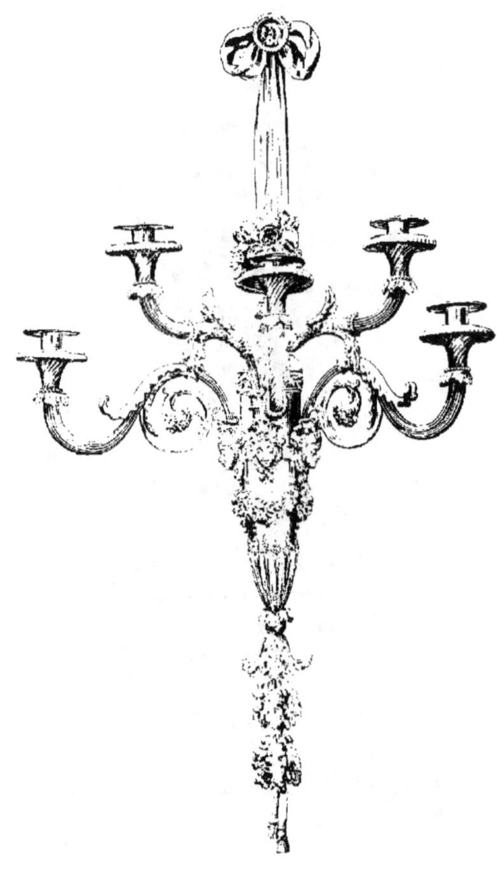

APPLIQUE EN BRONZE DORÉ, PAR GOUTHIÈRE.
(Mobilier national.)

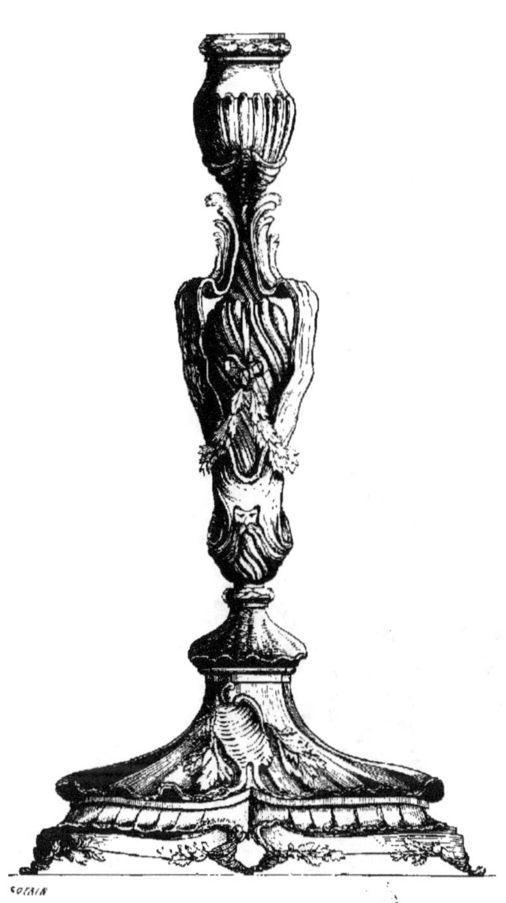

CHANDELIER,

PAR JACQUES ROETTIERS.

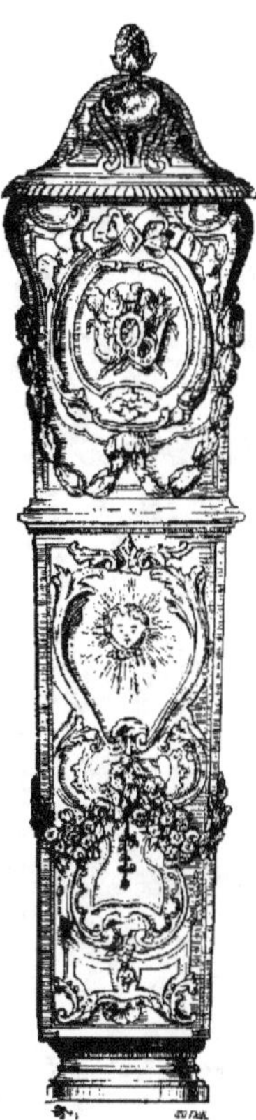

ÉTUI,

D'après une gravure de Moreau.

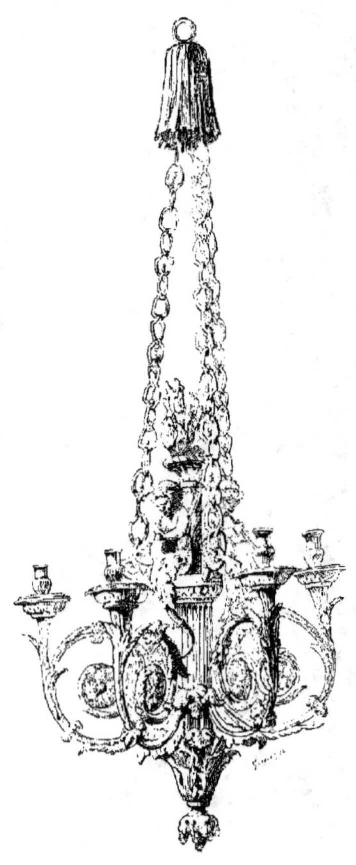

LUSTRE EN CUIVRE CISELÉ ET DORÉ, PAR GOUTHIÈRE.

(Époque Louis XVI. — Palais de Versailles.)

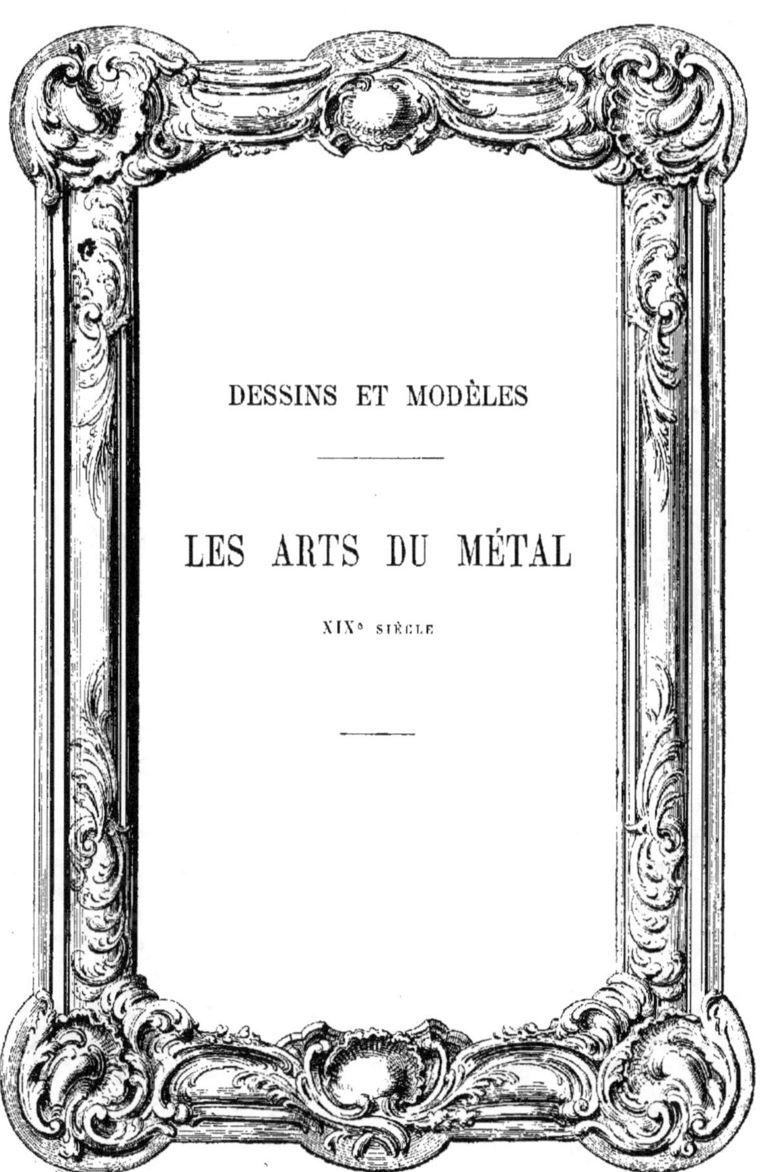

CADRE EN ARGENT CISELÉ, PAR M. ODIOT.

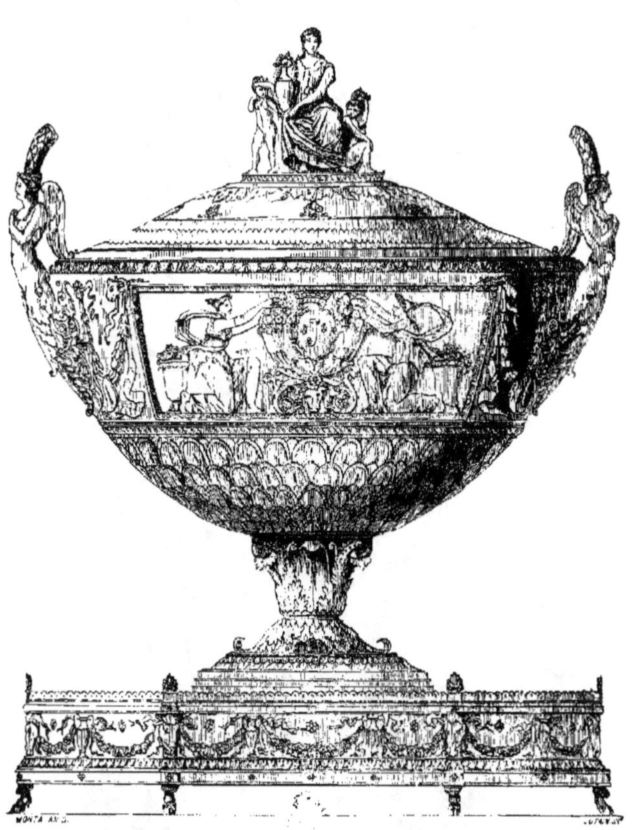

SUCRIER EXÉCUTÉ PAR DIENNAIS.

(D'après un dessin de Prudhon.)

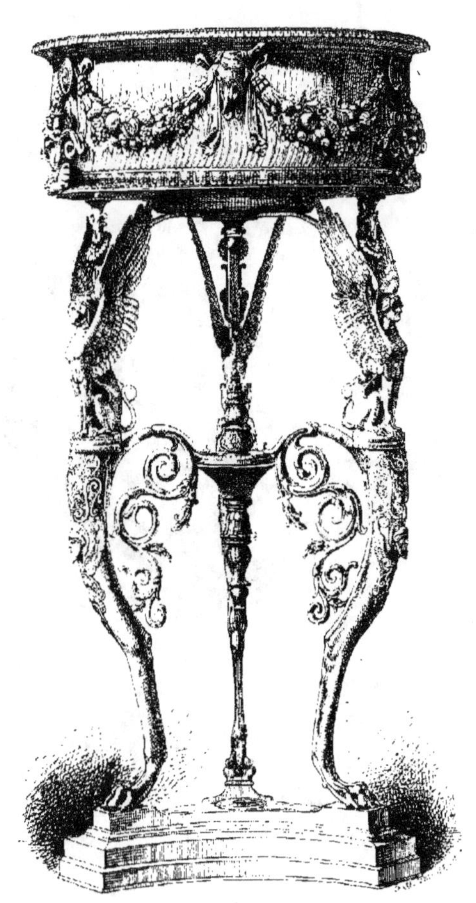

TRÉPIED EN BRONZE, PAR M. BARBEDIENNE.

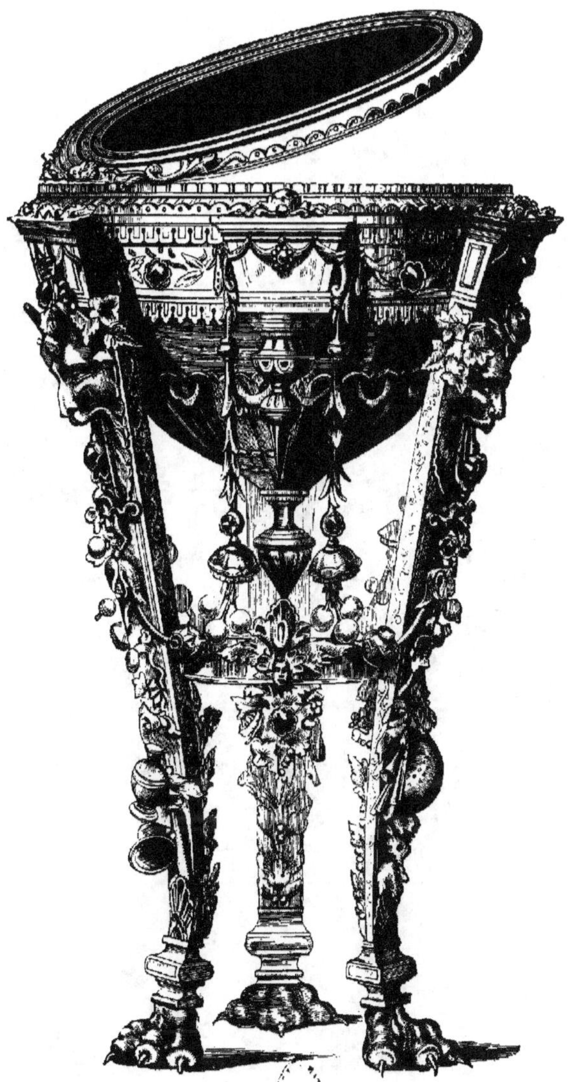

TRÉPIED EN OR CISELÉ, PAR M. PHILIPPS

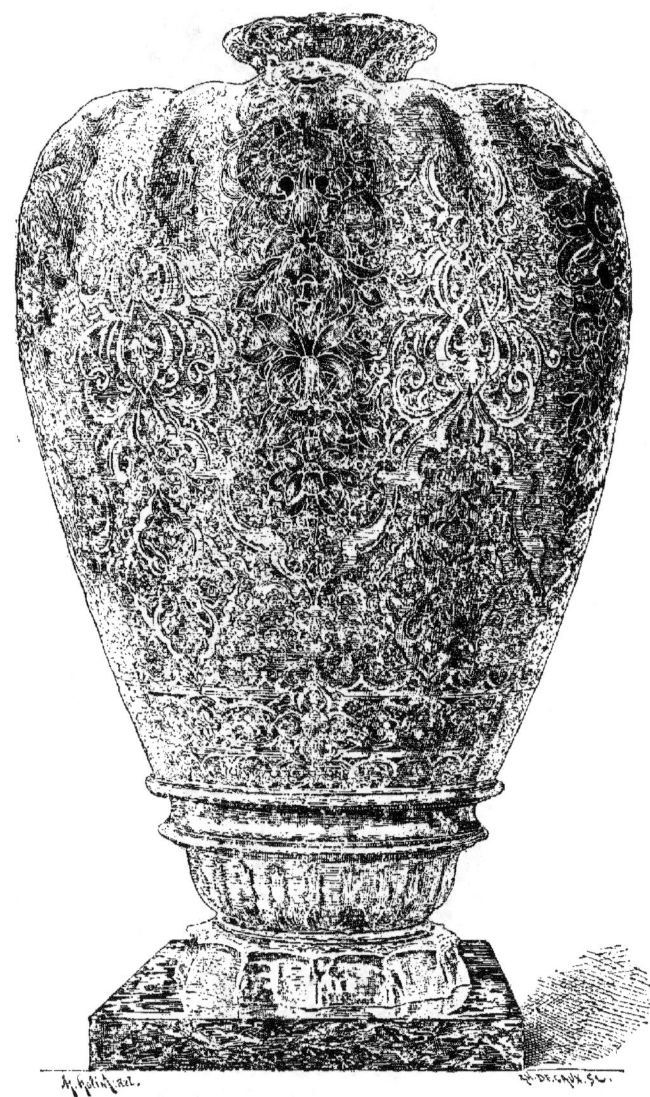

GRAND VASE DE STYLE ORIENTAL, EXÉCUTÉ PAR LA MAISON TIFFANY, DE NEW-YORK.

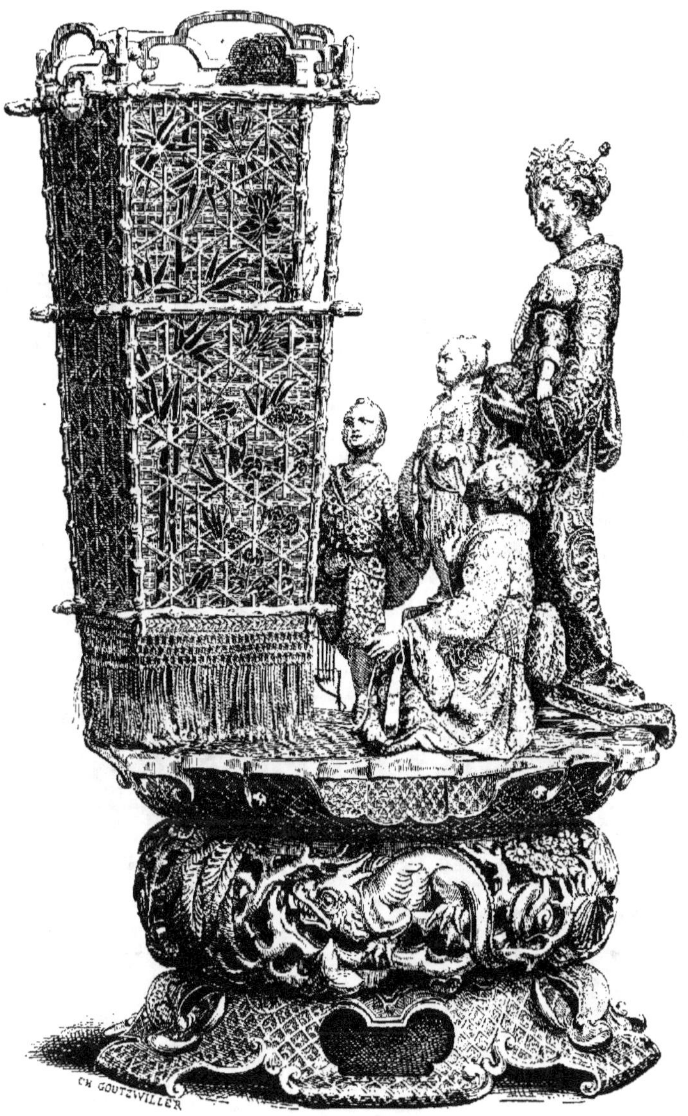

VEILLEUSE JAPONAISE EN ARGENT CISELÉ, ÉMAUX TRANSLUCIDES ET ÉMAUX CÉRAMIQUES, PAR M. BOUCHERON.

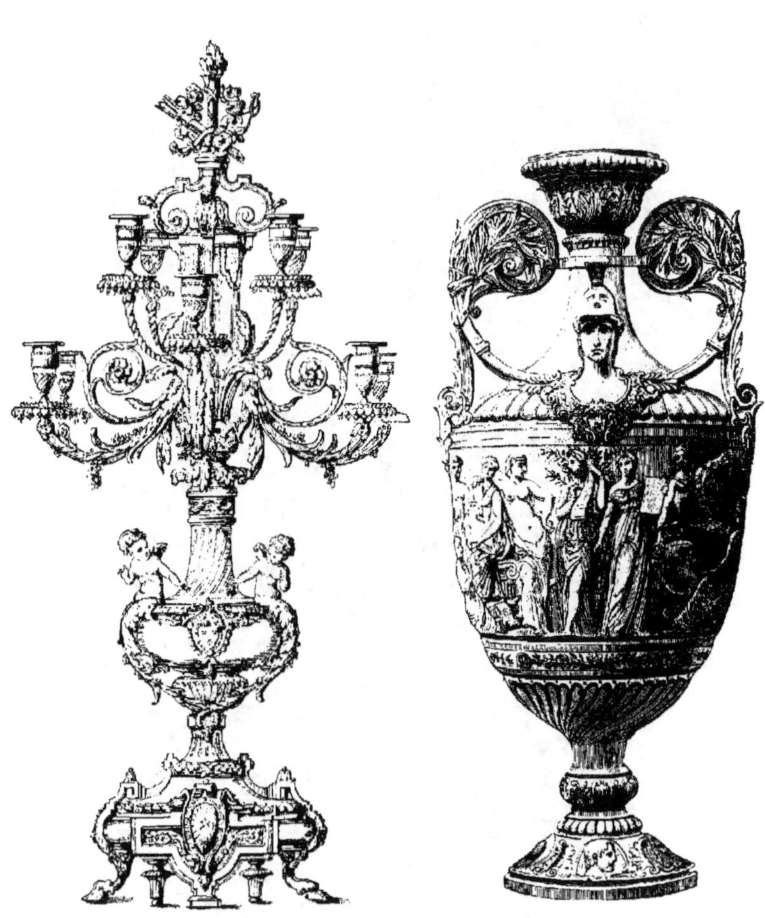

CANDÉLABRE LOUIS XVI, EN BRONZE DORÉ, PAR M. HOUDEBINE　　　VASE EN BRONZE, PAR M. LÉON LECOINTE.

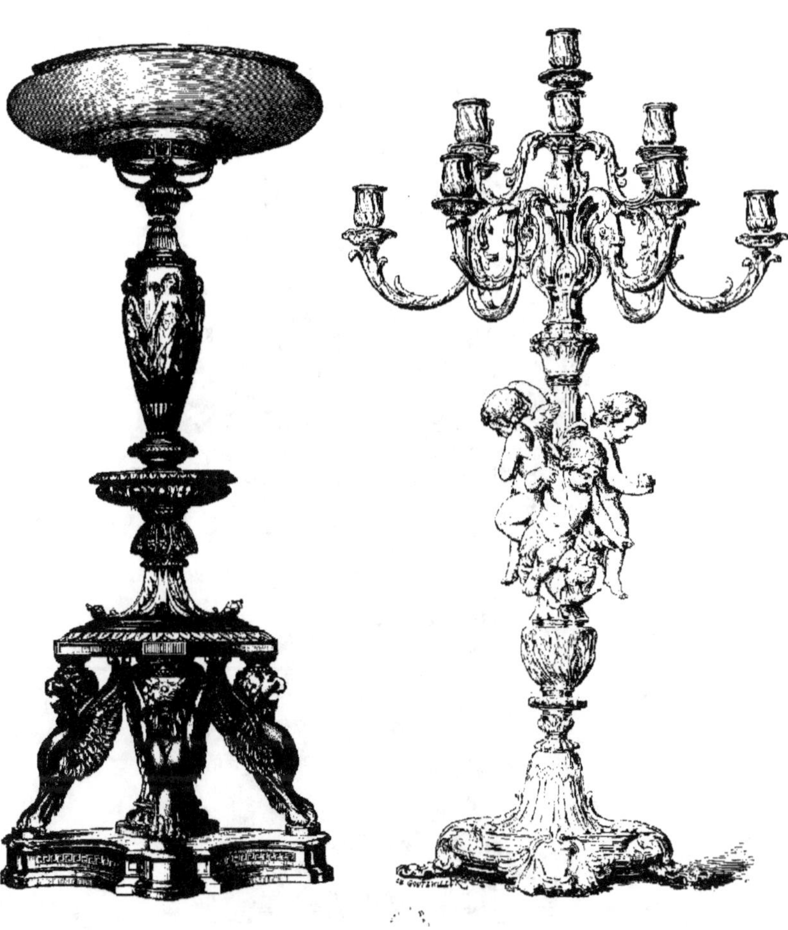

CANDÉLABRE DE BRONZE, PAR M. HOLLENBACH,

A VIENNE.

CANDÉLABRE MODELÉ PAR M. GILBERT,

EXÉCUTÉ PAR M. ODIOT.

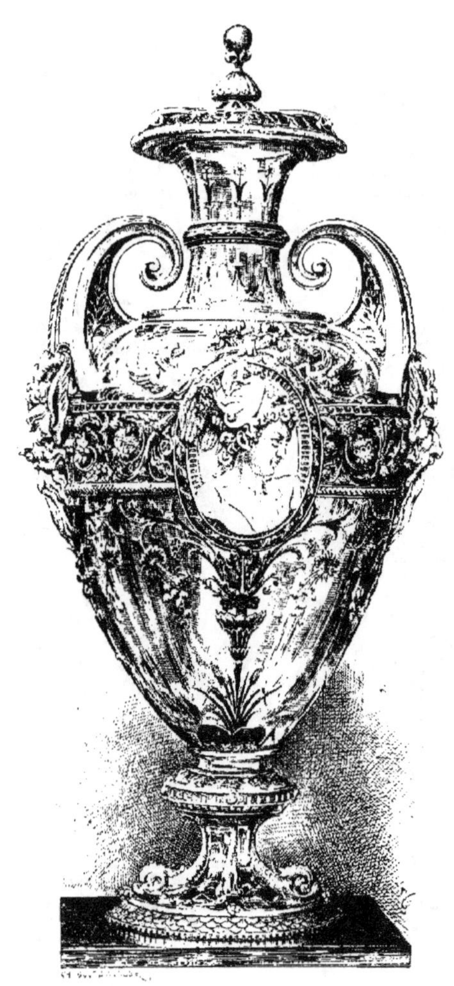

VASE DE STYLE RENAISSANCE, EN CRISTAL DE ROCHE, OR, ARGENT ET ÉMAUX,

PAR M. H. BERT.

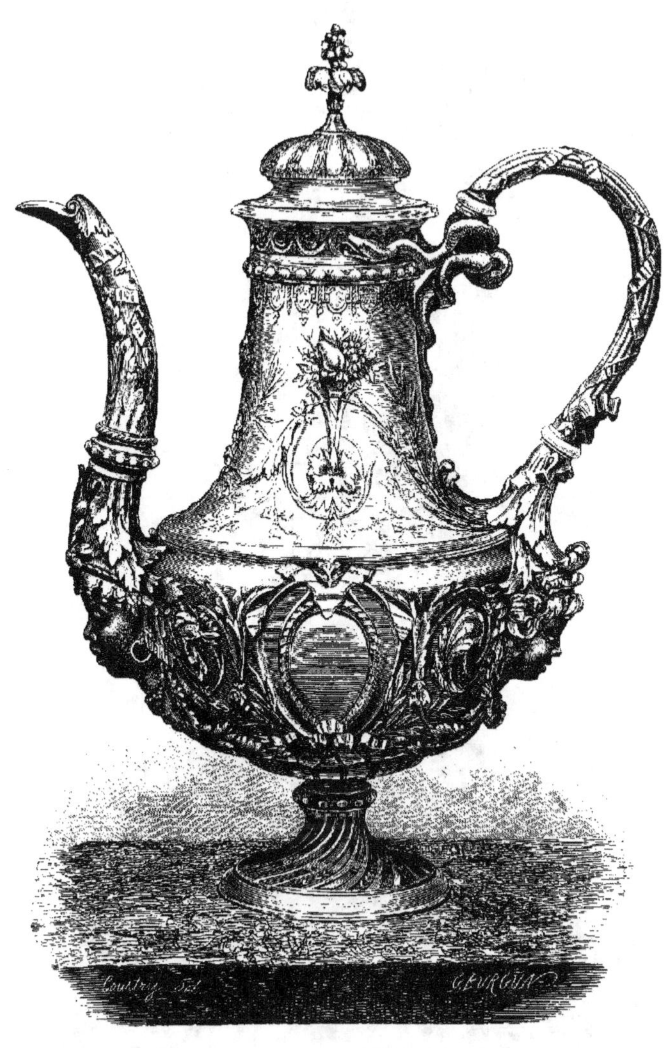

CAFETIÈRE, PAR MM. CHRISTOFLE ET Cie.

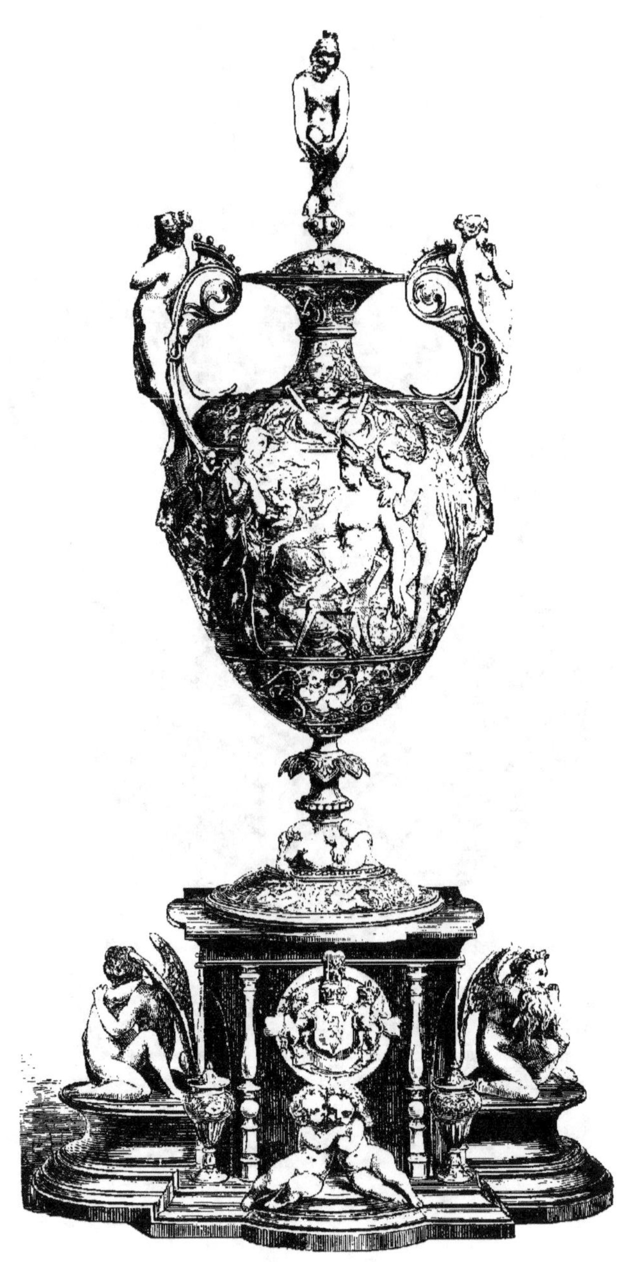

VASE AVEC FIGURES REPOUSSÉES, PAR M. WECHTE.

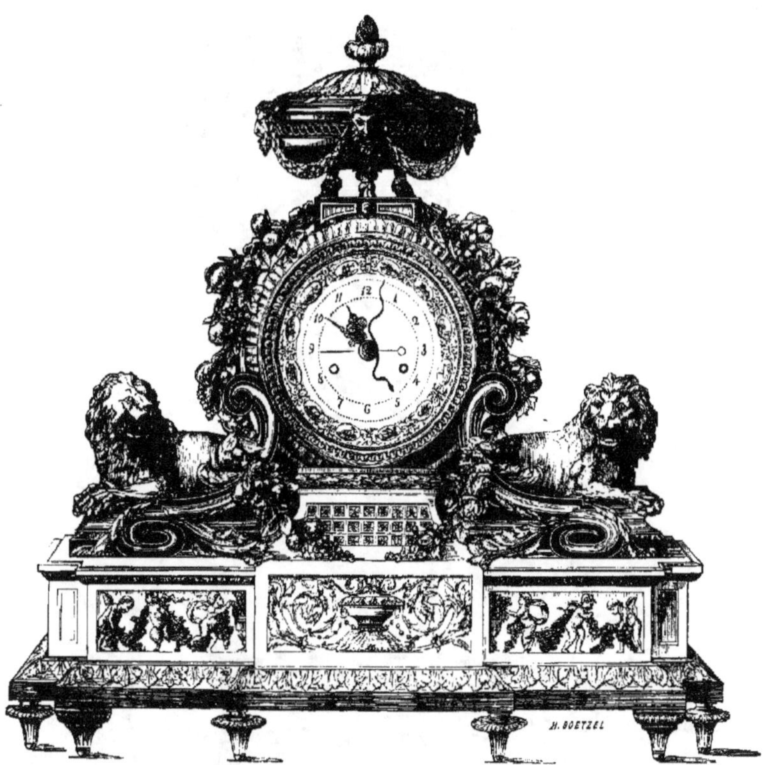

PENDULE, PAR M. BEURDELEY.

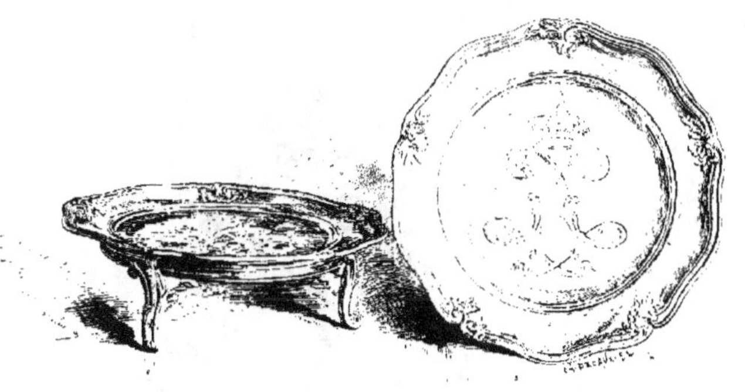

PLATEAUX, PAR MM. BAPST ET FALIZE.

DESSINS ET MODELES.

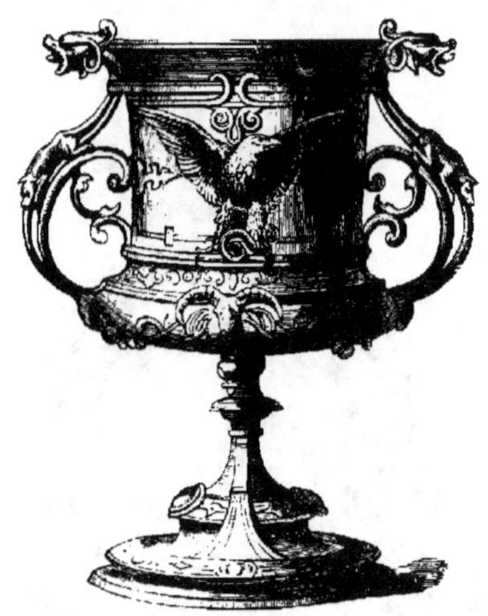

VASE EN FONTE DE FER DE LA « GENERAL IRON COMPANY ».

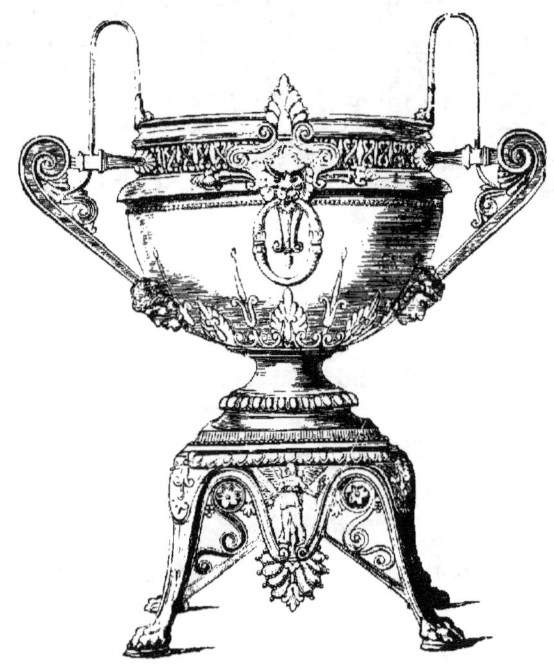

COUPE DE BRONZE, PAR M. SERVANT.

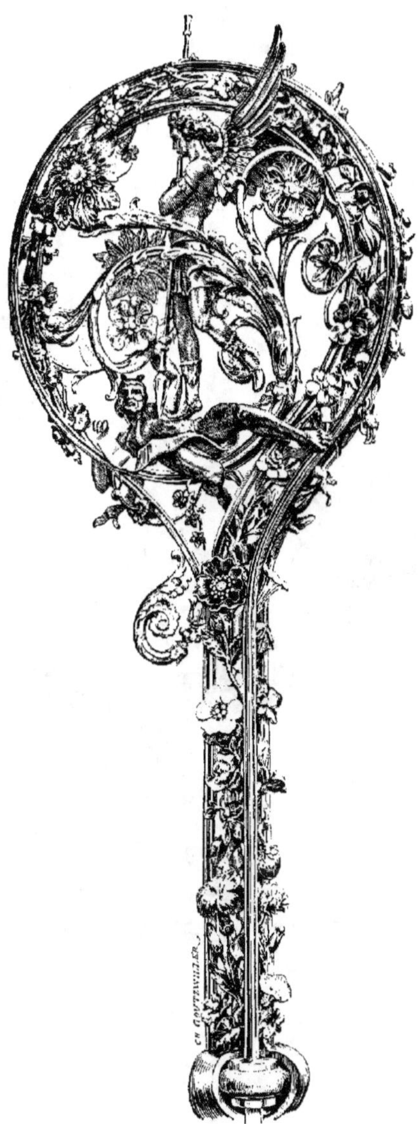

CROSSE ÉPISCOPALE EN OR CISELÉ ET ÉMAUX TRANSLUCIDES,
DE M. BOUCHERON.

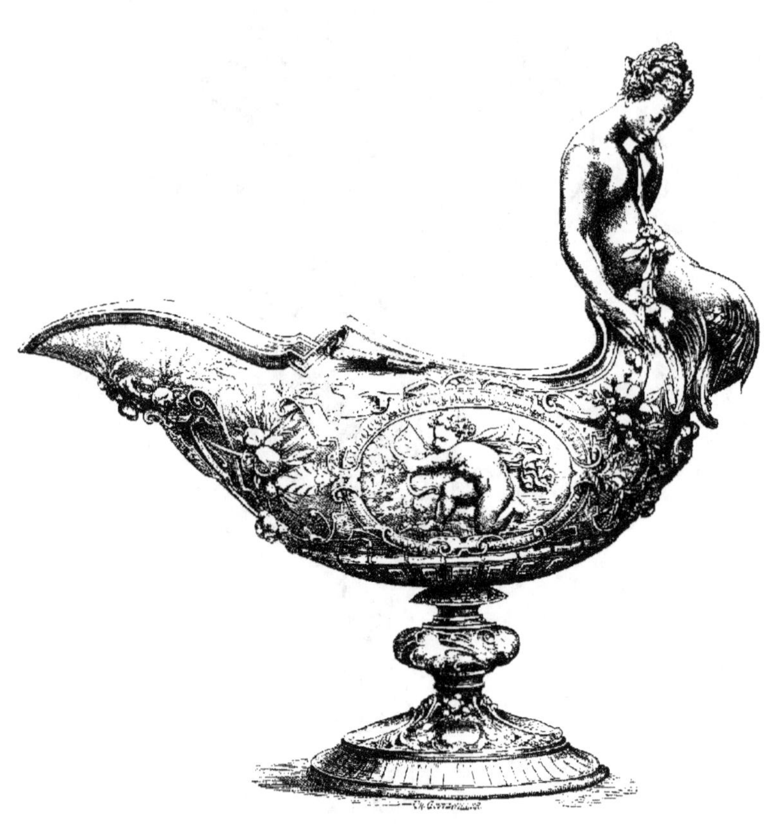

SAUCIÈRE, PAR M. FANNIÈRE.

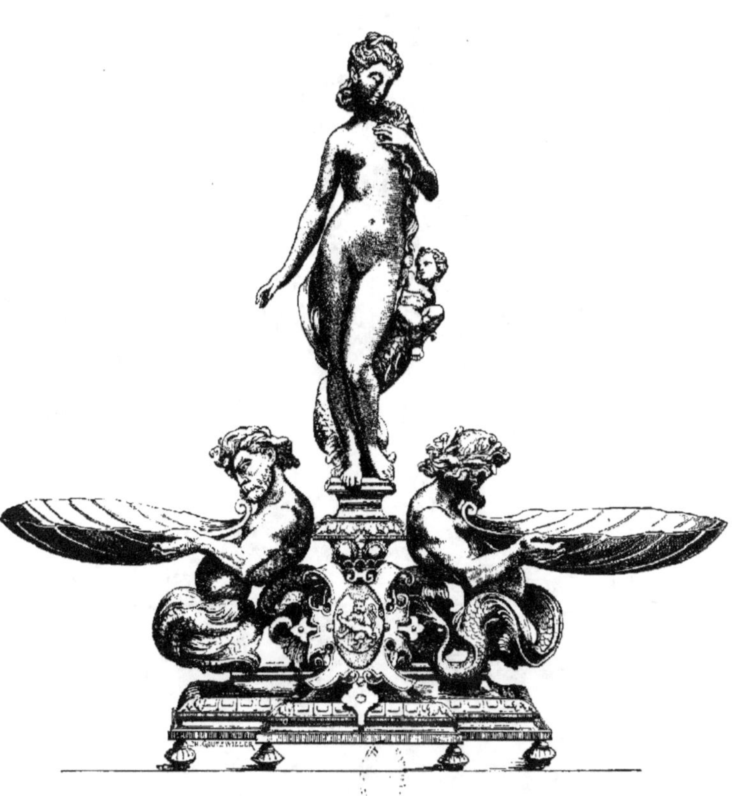

SALIÈRE REPRÉSENTANT AMPHITRITE, PAR M. FANNIÈRE.

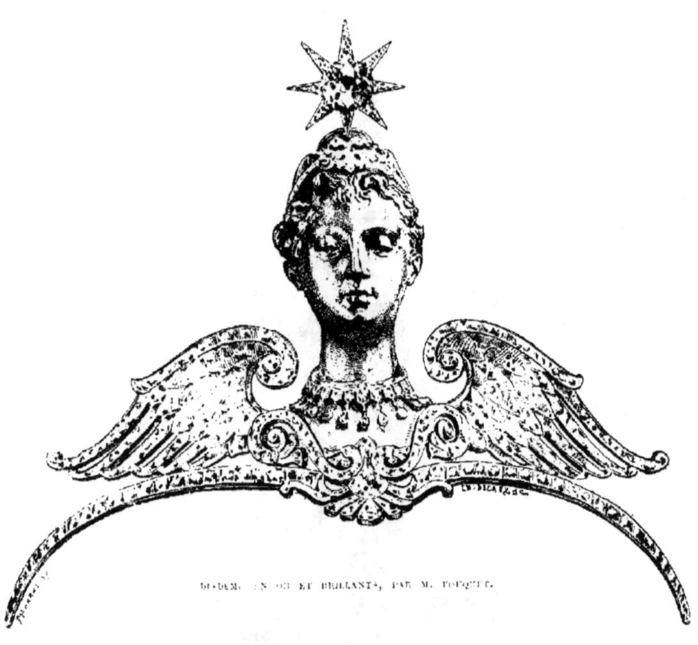

DIADÈME EN OR ET BRILLANTS, PAR M. FOUQUET.

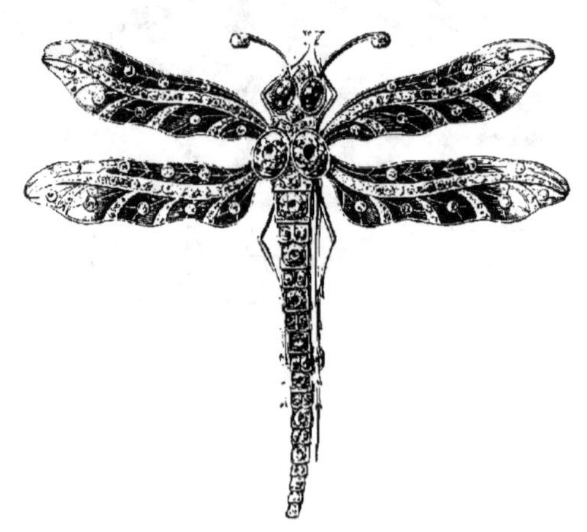

LIBELLULE, PAR M. BOUCHERON.

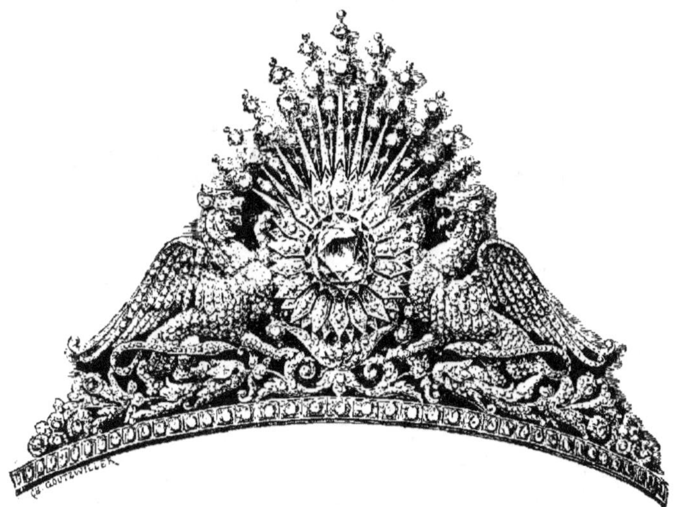

GRAND DIADÈME EN BRILLANTS, PAR M. FOUQUET.

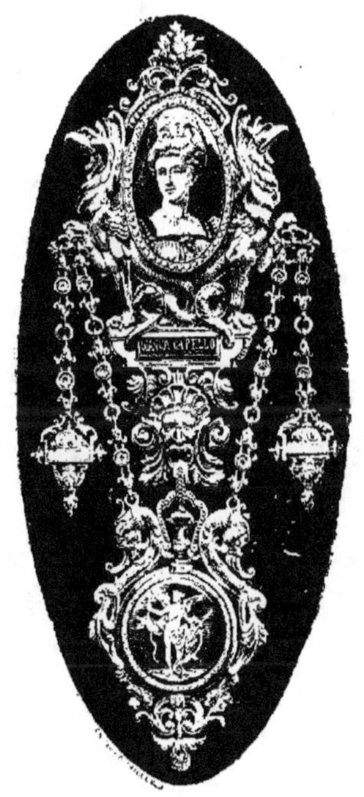

CHATELAINE EN OR ET ÉMAUX, PAR M. FOUQUET.

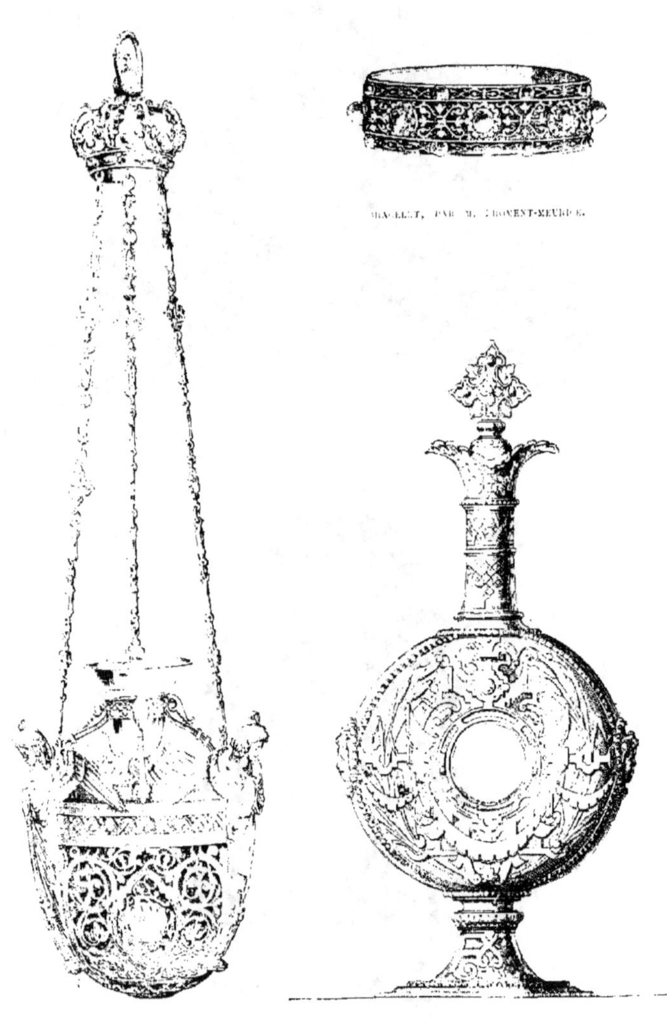

BRACELET, PAR M. FROMENT-MEURICE.

LAMPE D'AUTEL,   FLACON,

PAR M. FROMENT-MEURICE.   PAR M. FROMENT-MEURICE.

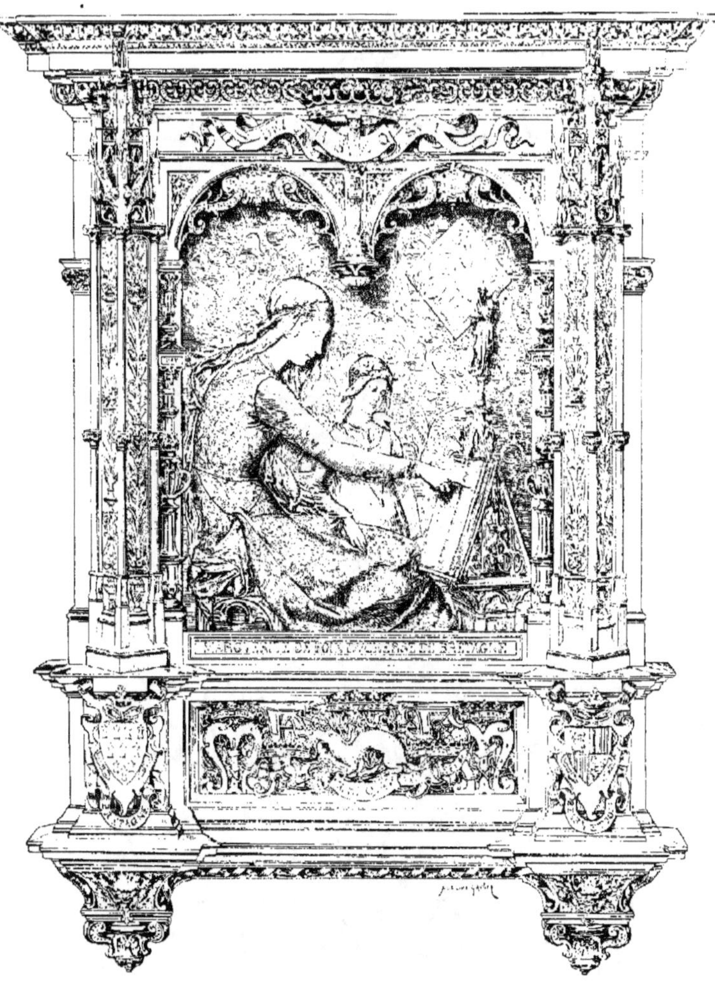

« MARGUERITE DE FOIX ET ANNE DE BRETAGNE. »

BAS-RELIEF EN ARGENT CISELÉ ET OR REPOUSSÉ, MODELÉ PAR M. CHÉDEVILLE, EXÉCUTÉ PAR M. L. FALIZE.

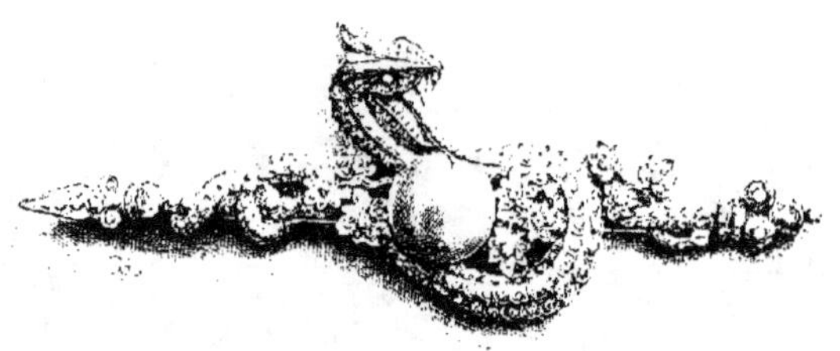

ÉPINGLE DE COIFFURE EN BRILLANTS ET PERLE, PAR M. MASSIN.

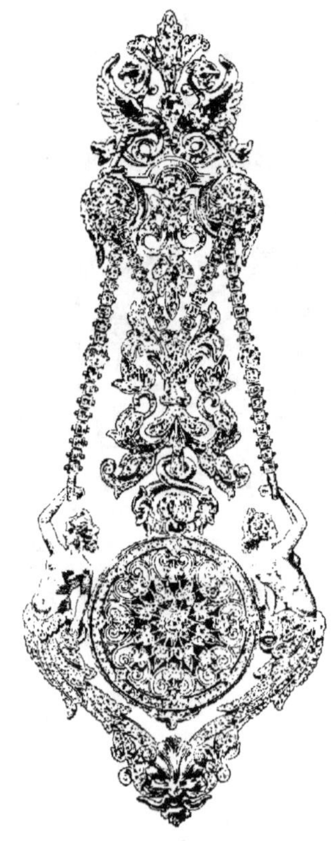

CHÂTELAINE EN DIAMANT ET OR AVEC MONTRE ÉMAILLÉE, PAR M. HÉTERG H.

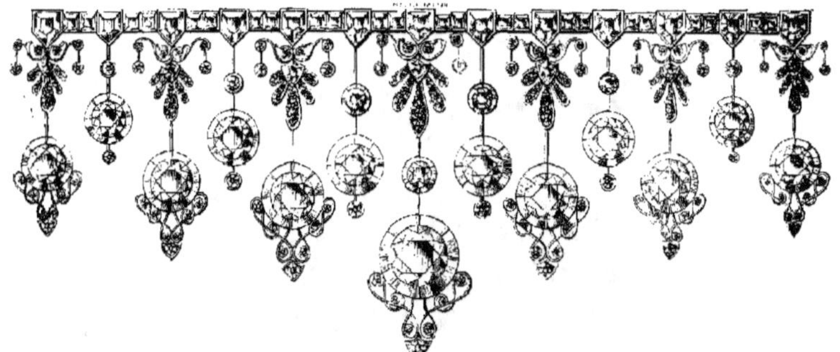

COLLIER, PAR M. ROUVENAT.

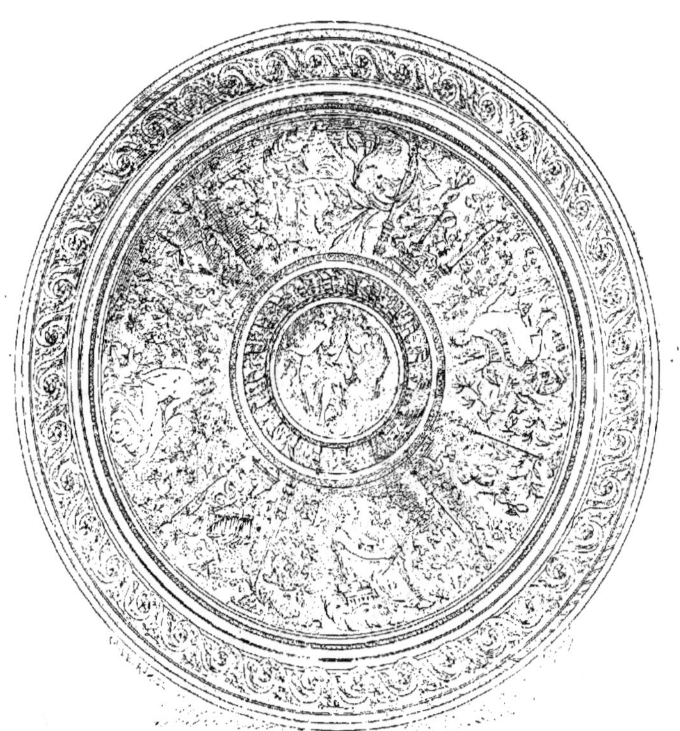

PLATEAU EN ÉTAIN COMPOSÉ ET EXÉCUTÉ PAR M. LEBATEAU.

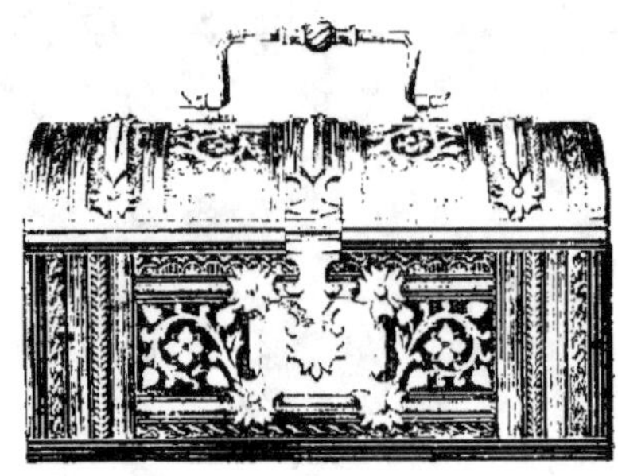

COFFRET EN BRONZE PATINÉ, INCRUSTÉ D'OR ET D'ARGENT,

PAR MM. CHRISTOFLE ET Cⁱᵉ.

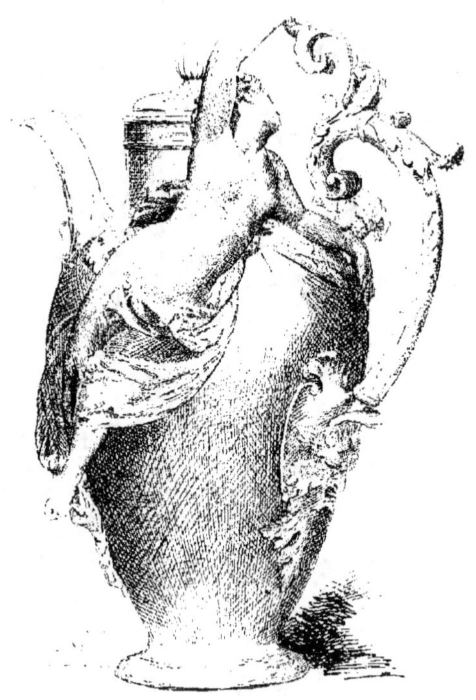

CAFETIÈRE EN ARGENT, EXÉCUTÉE PAR M. ROUILLARD.

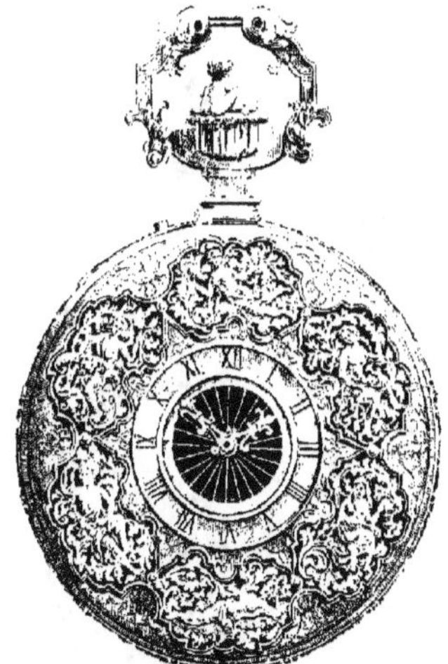

MONTRE EN ACIER CISELÉ ET DAMASQUINÉ, PAR M. BOUCHERON.

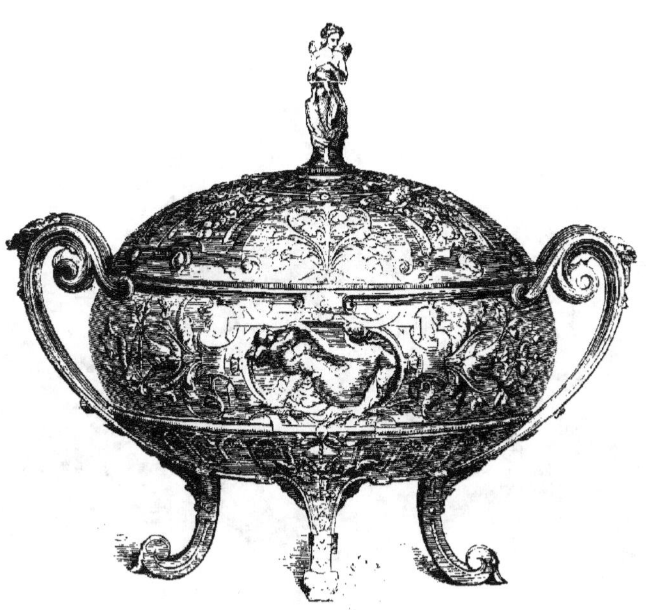

SUCRIER, PAR MM. CHRISTOFLE ET Cie.

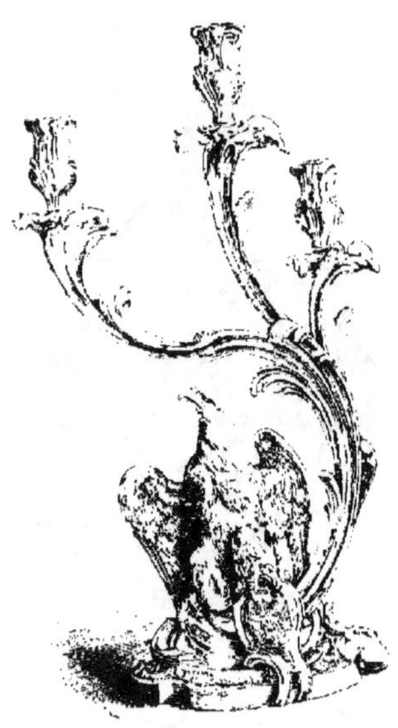

CANDÉLABRE, PAR MM. BAPST ET FALIZE.

ÉCRITOIRE, PAR M. LEROLLE.

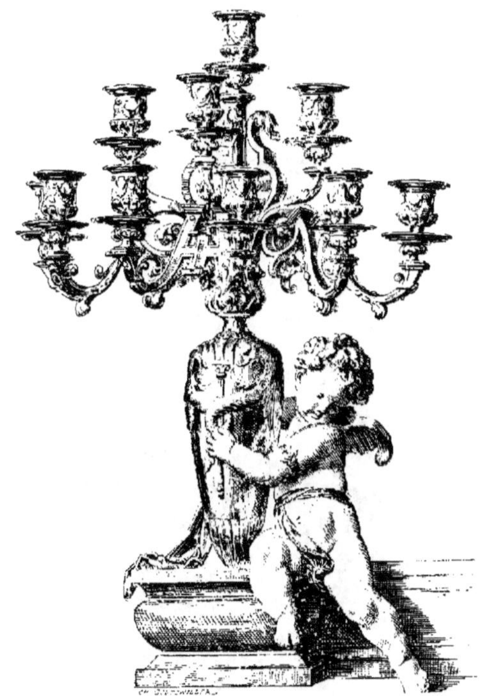

CANDÉLABRE EXÉCUTÉ PAR M. FROMENT-MEURICE POUR M. LE DUC D'AUMALE.

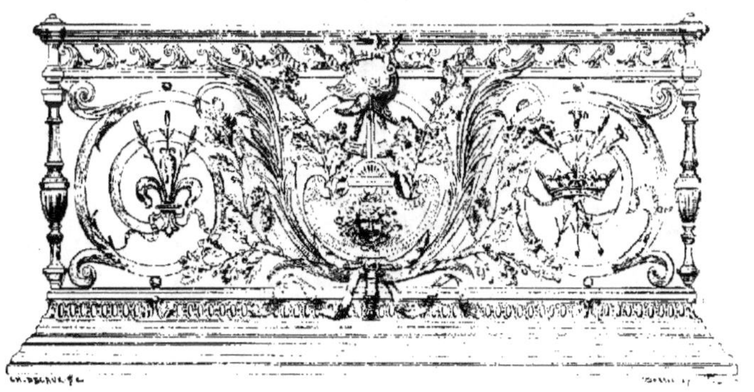

PANNEAU DE LA RAMPE DE L'ESCALIER DE CHANTILLY.

(Exécutée par MM. Moreau frères, d'après le dessin de M. Daumet.)

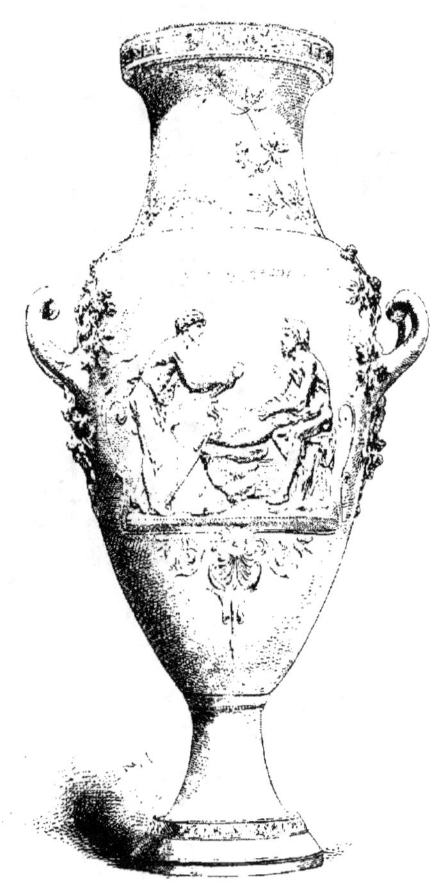

VASE DE « L'AGE D'OR » EN BRONZE, PAR M. SERVANT.

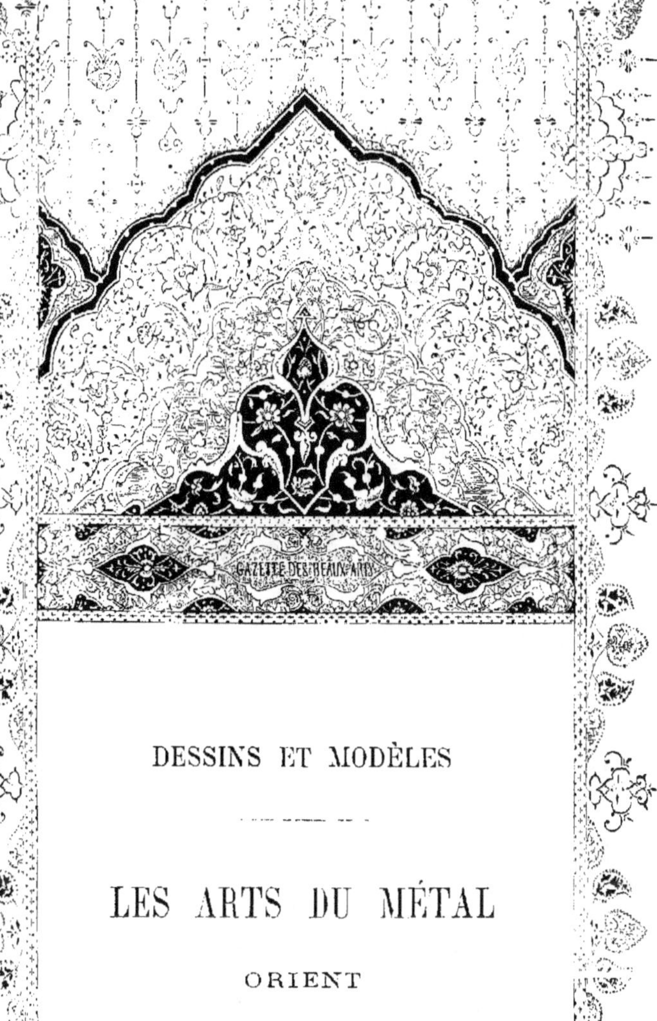

DESSINS ET MODÈLES

LES ARTS DU MÉTAL

ORIENT

ENCADREMENT TIRÉ D'UN MANUSCRIT ARABE.

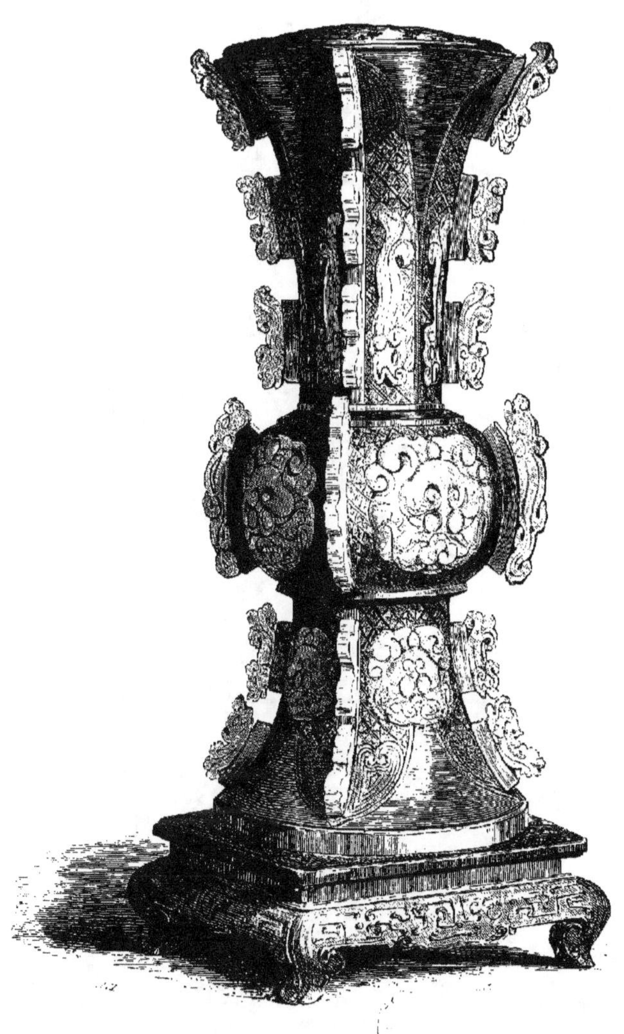

VASE CHINOIS ANTIQUE EN BRONZE DORÉ, ENRICHI DE PIERRE DE JADE.

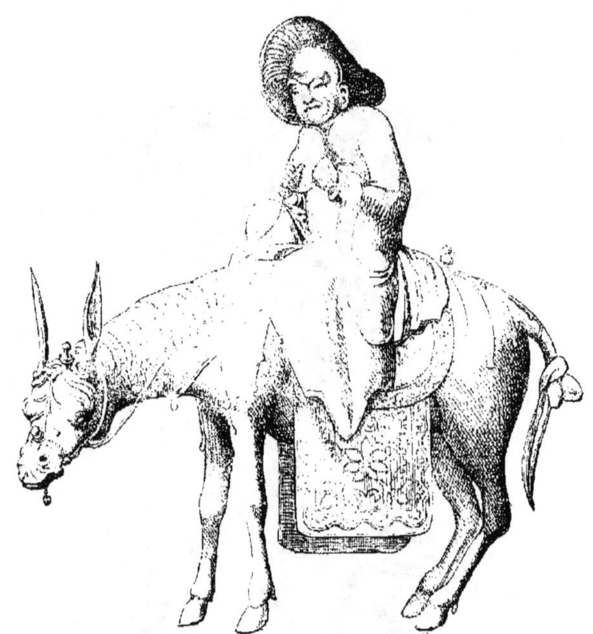

PERSONNAGE BOUDDHIQUE SUR SA MONTURE. (BRONZE. — CHINE.)

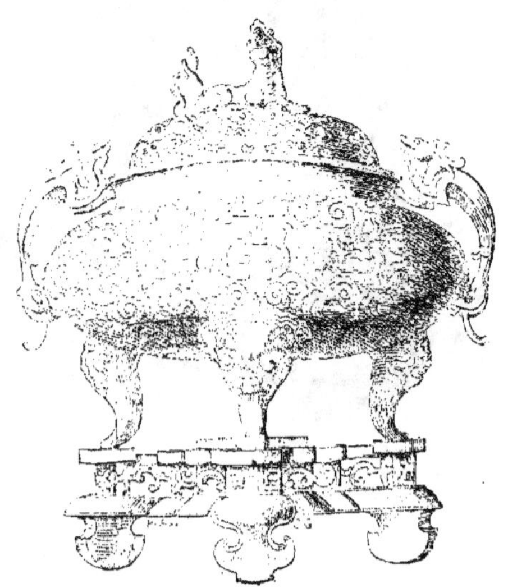

TING CHINOIS DE LA PÉRIODE SIOUEN-TÈ DES MING.

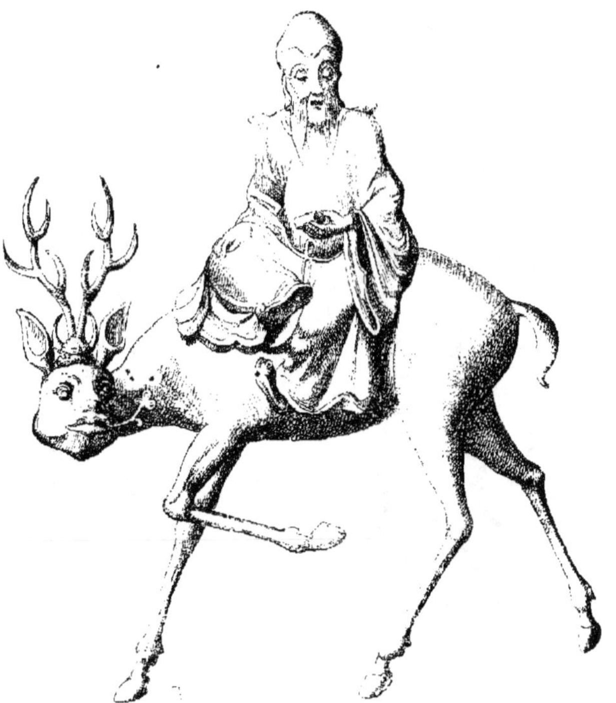

DIEU DE LA LONGÉVITÉ MONTÉ SUR LE CERF BLANC. (BRONZE. — JAPON.)

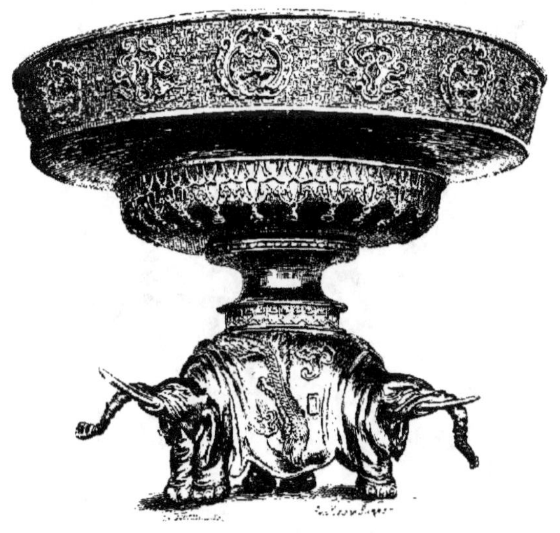

VASE TRIPODE EN BRONZE. (JAPON.)

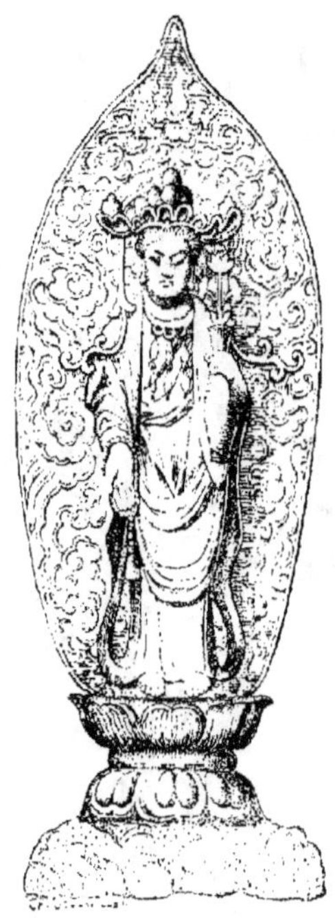

KOUAN-IN, MIROIR EN ARGENT. (INDE.)   KOUAN-IN, BRONZE INCRUSTÉ D'ARGENT. (CHINE.)

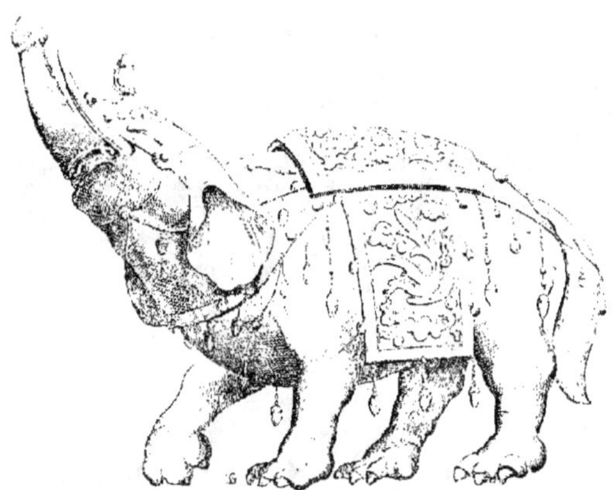

ÉLÉPHANT EN BRONZE ORNÉ DE PIERRES PRÉCIEUSES. (INDE.)

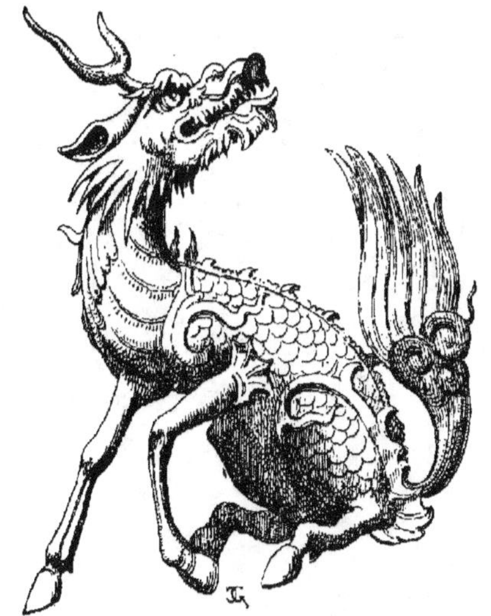

KIRIN JAPONAIS EN BRONZE. (CHINE.)

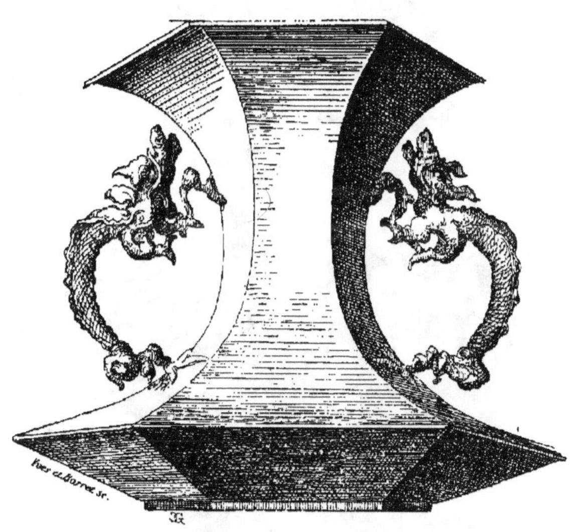

VASE HEXAGONE EN BRONZE. (JAPON.)

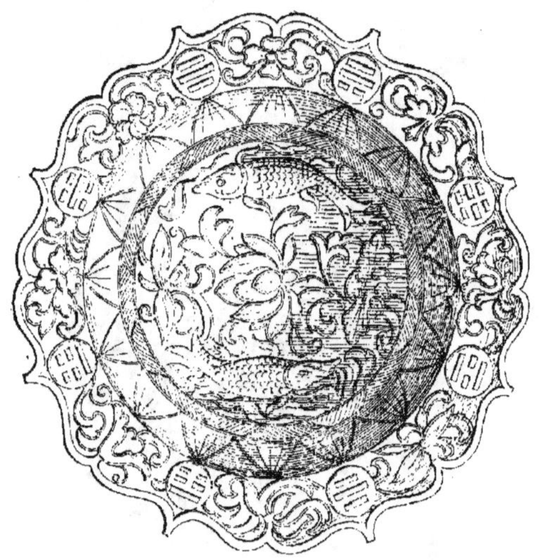

PLAT CHINOIS ANTIQUE.

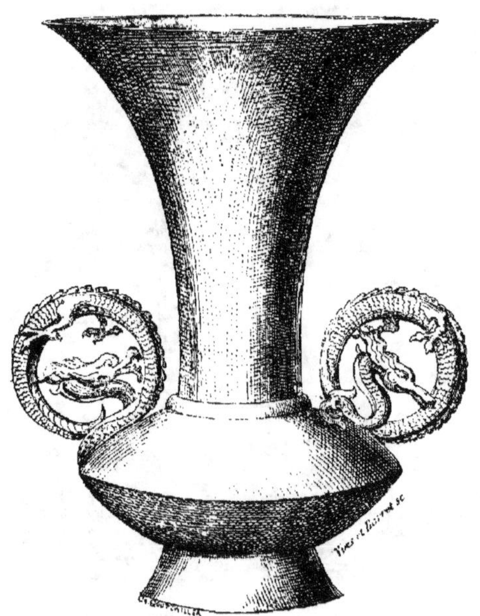

VASE IMPÉRIAL A DRAGONS. (JAPON.)

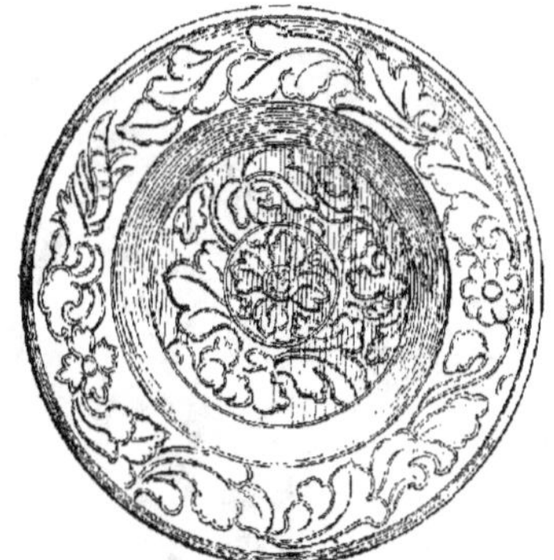

PLAT CHINOIS DE LA PÉRIODE TCHING-TÉ.

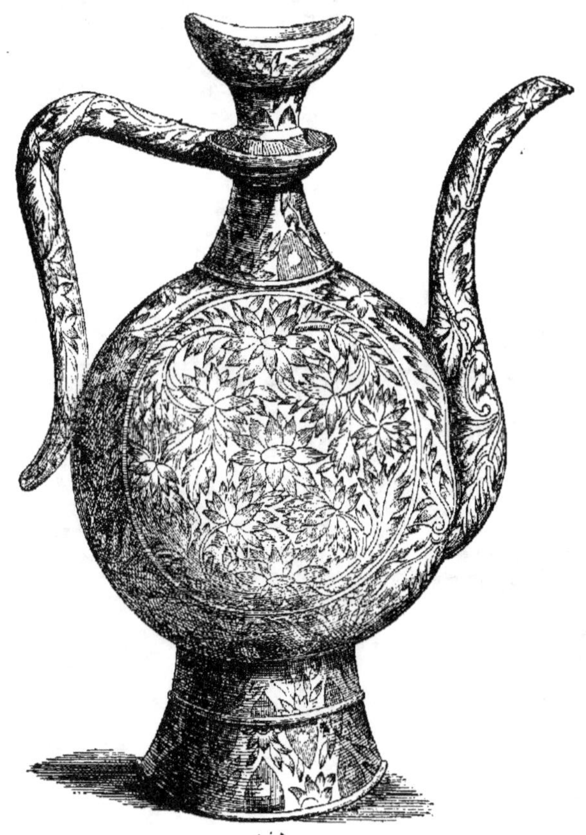

BUIRE ARABE.

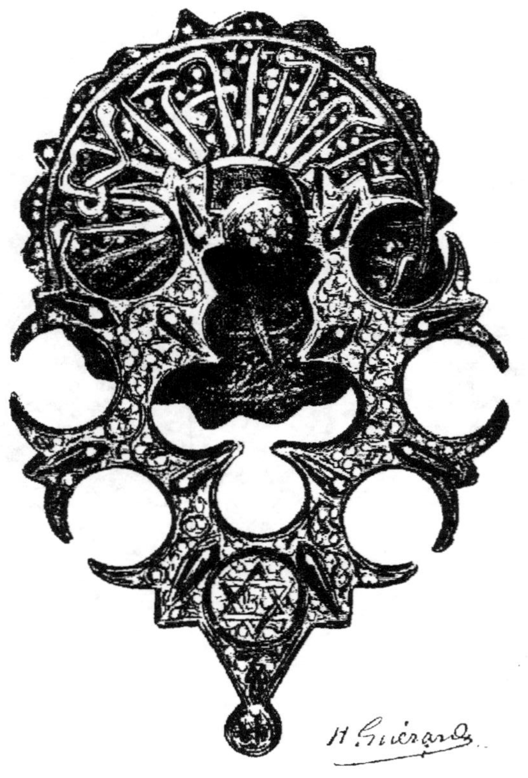

BATTANT DE PORTE. — XIIIᵉ SIÈCLE. (Coll. Albert Goupil.)

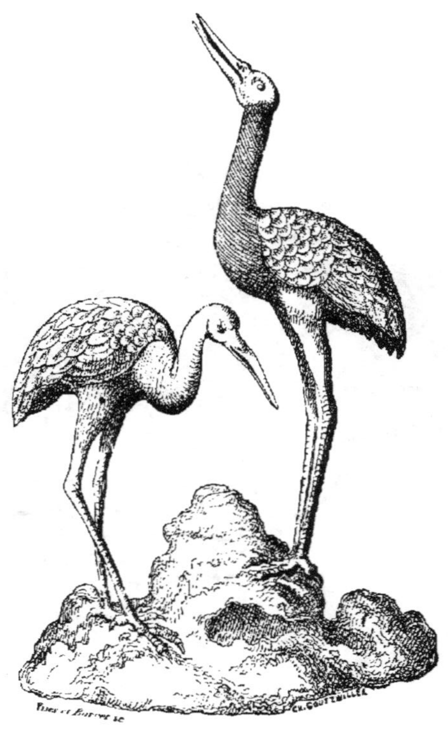

GROUPE DE GRUES, BRONZE REHAUSSÉ D'ARGENT. (JAPON.)

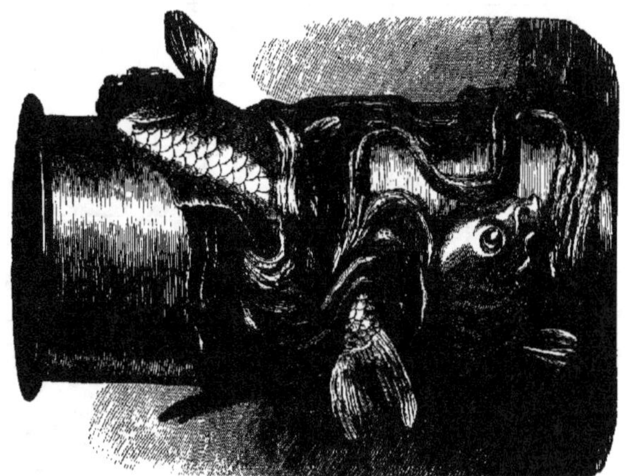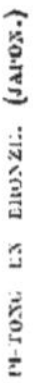

PI-TONG EN BRONZE. (JAPON.)

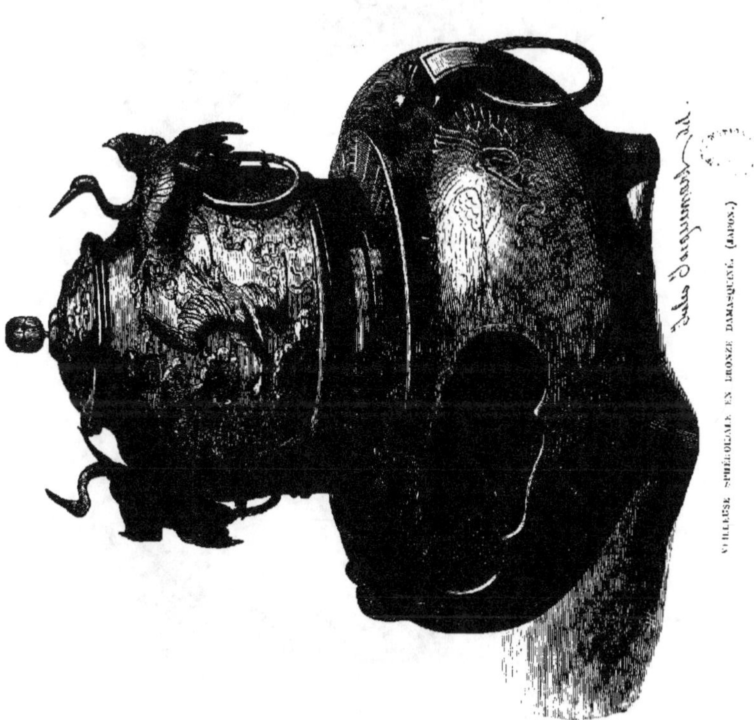

Jules Jacquemart del.

VEILLEUSE SPHÉROIDALE EN BRONZE DAMASQUINÉ. (JAPON.)

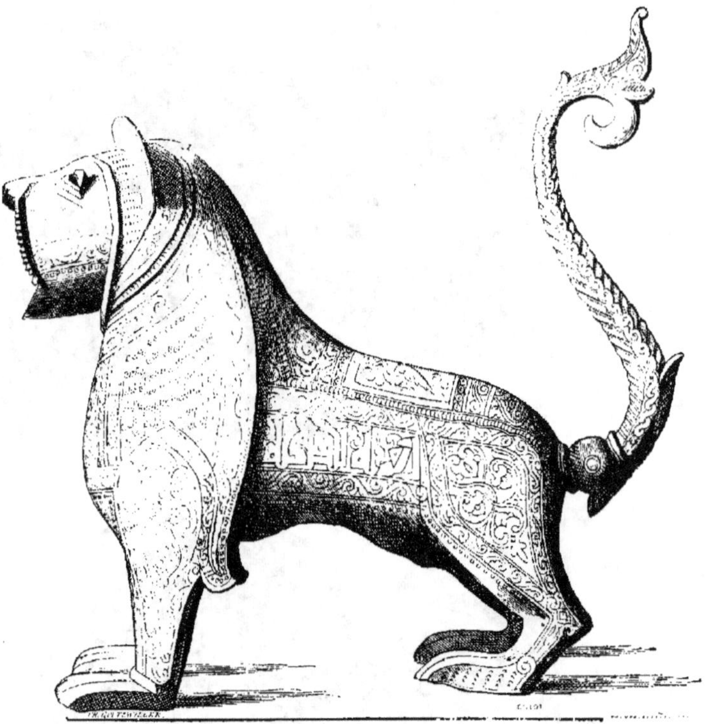

FONTAINE EN BRONZE REPRÉSENTANT UN LION.

(Collection de M. E. Piot.)

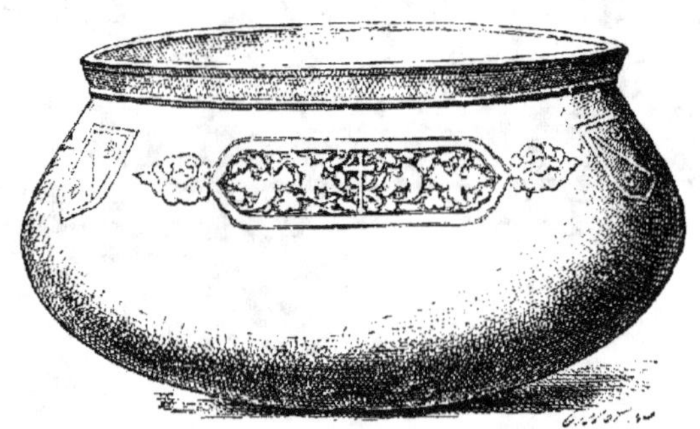

VASE ARABE EN LAITON DAMASQUINÉ. (1379.)

(Cabinet des médailles.)

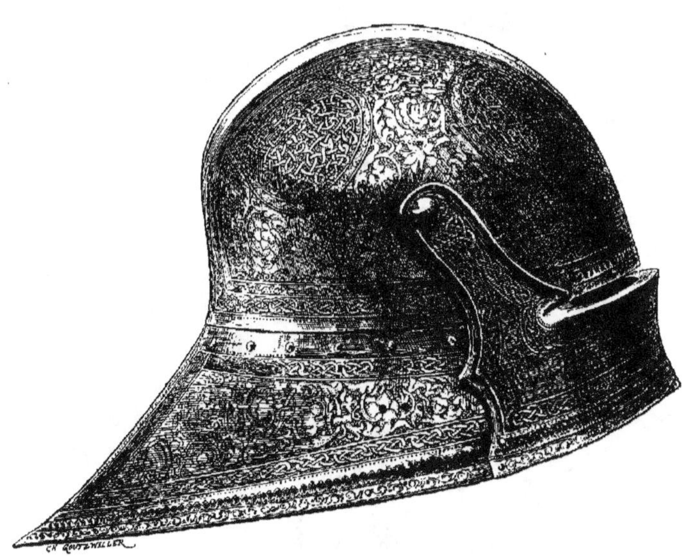

CASQUE DIT DE BOABDIL.
(Armería Real de Madrid.)

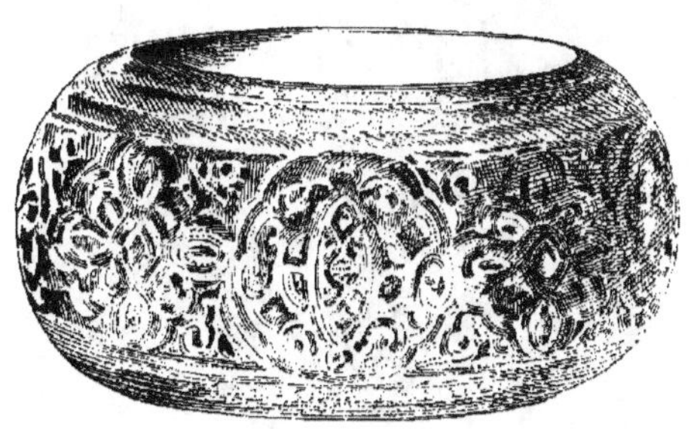

BRACELET ARABE EN OR.
(Collection de M. Stanislas Baron.)

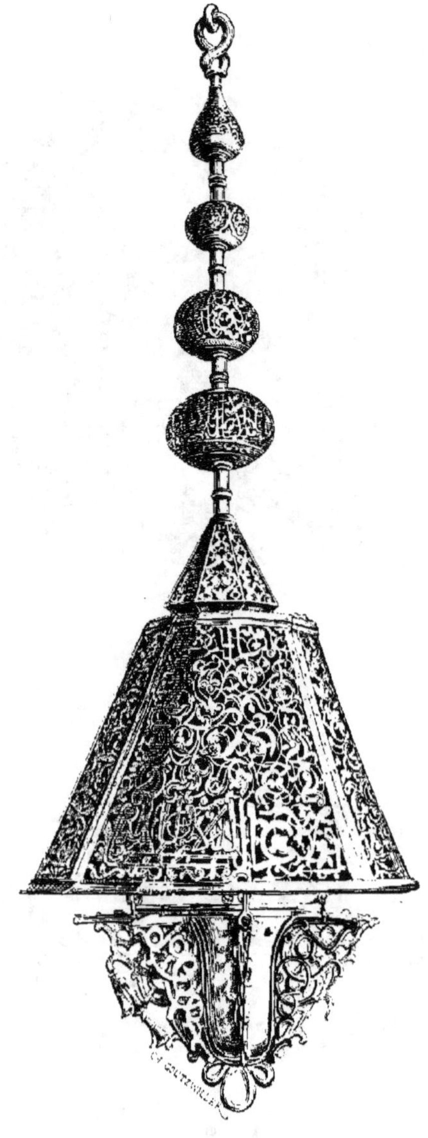

LAMPE EN BRONZE DE L'ALHAMBRA DE GRENADE.

(Musée archéologique de Madrid.)

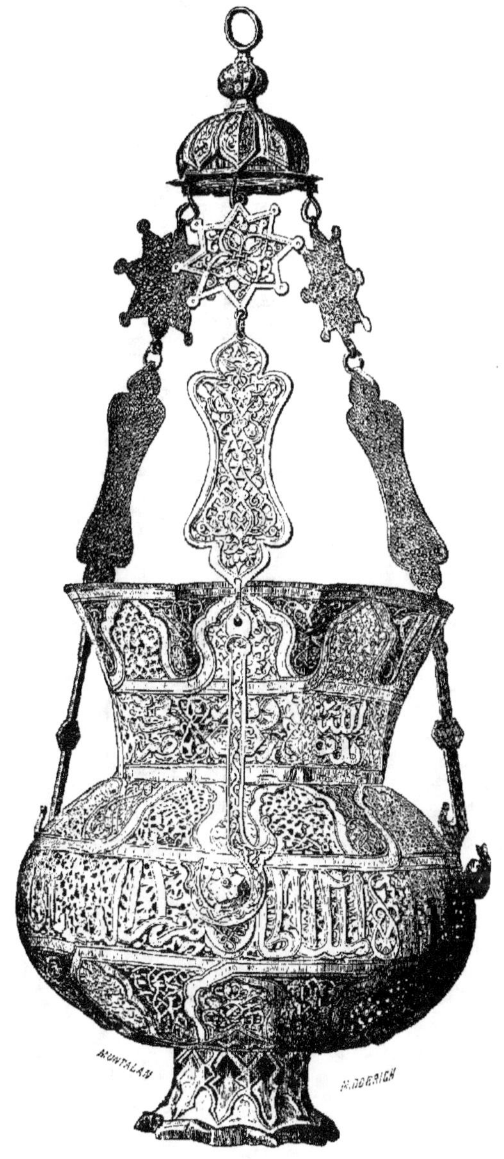

LAMPE DE MOSQUÉE EN CUIVRE DORÉ.

(Collection de M. Schefer.)

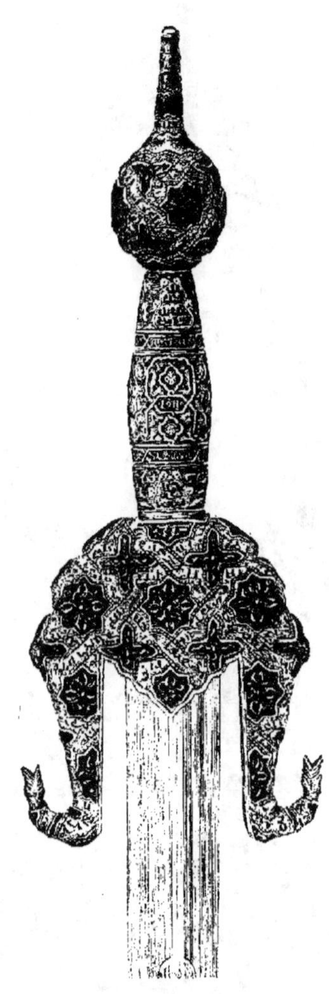

ÉPÉE MORESQUE DU XVe SIÈCLE.

(Collection de M. le marquis de Villaseca.)

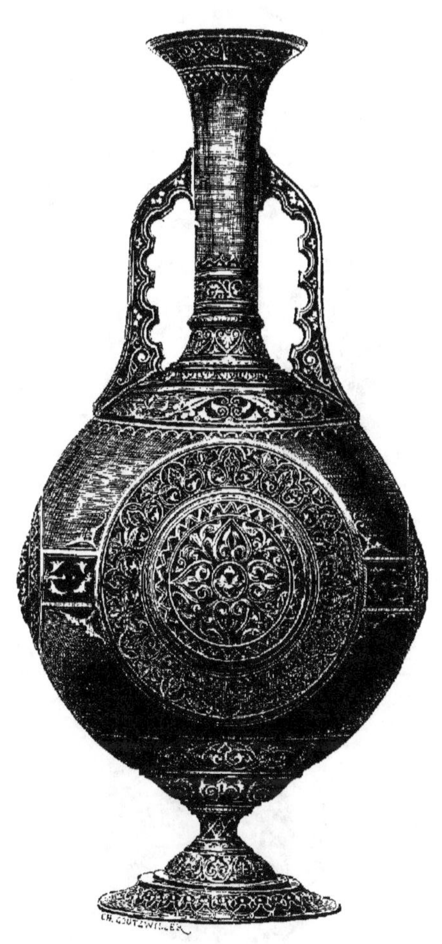

AIGUIÈRE EN FER DAMASQUINÉ, DE STYLE ARABE, PAR ZULOAGA.

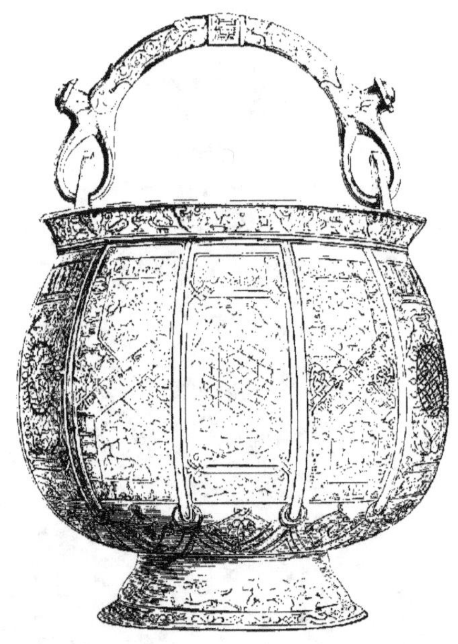

VASE ARABE.

(Collection Louis Fould.)

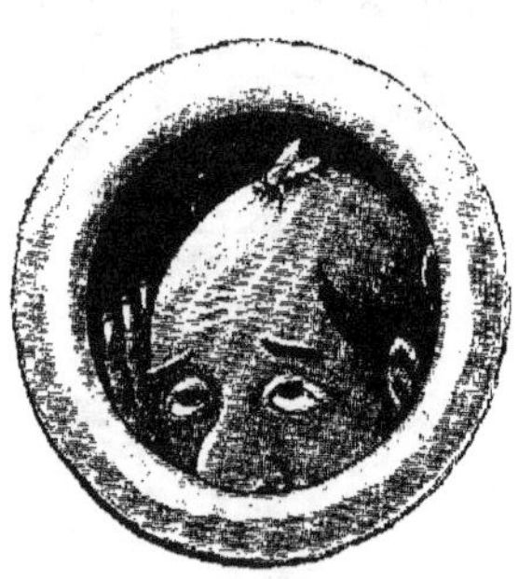

« HOMME AGACÉ PAR UNE MOUCHE. »

NETZKÉ (BOUTON) EN MÉTAL CISELÉ.

(Collection de M. Louis Gonse.)

TABLE DES MATIÈRES

TABLE DES GRAVURES

AIGUIÈRES — BUIRES — CAFETIÈRES.

APPLIQUES — CANDÉLABRES — CHANDELIERS — LAMPES.

ARMES — ARMURES.

BAS-RELIEFS — STATUETTES — GROUPES
FIGURES DIVERSES.

BIJOUX — PARURES.

CADRES — ENCADREMENTS.

CASSETTES — COFFRETS.

COUPES.

DESSINS ET CROQUIS.

HORLOGES — PENDULES.

ORFÉVRERIE RELIGIEUSE.

PLATS — PLATEAUX — PLAQUES.

SALIÈRES.

SERRURERIE D'ART.

SUCRIERS.

TRÉPIEDS.

VASES.

DIVERS.